FINANZEN DEFIZIT UND NOTENPRESSE 1914—1922

REICH / PREUSSEN / BAYERN
SACHSEN / WÜRTTEMBERG

VON

DR. A. JESSEN

MIT EINEM VORWORT
VON
PREUSS. STAATS- UND FINANZMINISTER A. D.
SAEMISCH

BERLIN
VERLAG VON JULIUS SPRINGER
1923

ISBN-13: 978-3-642-89435-0 e-ISBN-13: 978-3-642-91291-7
DOI: 10.1007/978-3-642-91291-7

VORWORT.

Der Bitte des Verfassers, seiner Schrift einige Worte mit auf den Weg zu geben, komme ich gern nach. Dr. Jessen, der schon zu der Zeit, als ich das Preußische Finanzministerium leitete, daselbst in dem allgemeinen Wirtschafts-Referat tätig war, hat ein Doppeltes richtig erkannt. Zunächst die Bedeutung, welche eine vergleichende Darstellung der Reichs- und Staats-Ausgaben und -Einnahmen sowohl in allgemein wissenschaftlicher wie in speziell politischer Beziehung hat. Zum anderen das hieraus fließende Gebot, trotz der entgegenstehenden Schwierigkeiten so weit des Zahlenmaterials Herr zu werden, als das im Augenblick möglich ist. Nur wer die in dem Fehlen eines feststehenden Wertmessers beruhenden Hemmnisse bei allen etatsstatistischen Arbeiten selbst erfahren hat, wird die Berechnungen des Verfassers richtig würdigen und um der erzielten Ergebnisse halber über die der Ermittlung naturgemäß anhaftenden Unsicherheitsfaktoren hinwegsehen.

Den Politiker werden vor allem solche Ergebnisse der Arbeit interessieren, die in Beziehung stehen zu den großen äußeren und inneren Problemen, welche noch der endgültigen Lösung harren. Freilich ist hierbei zu beachten, daß die Schrift aus dem großen Rahmen der für unsere Gegenwart und Zukunft entscheidenden Wirtschaftsbilanz Deutschlands nur ein Teilgebiet herausgreift, nämlich die Finanzbilanz des Reiches und der Länder. Aber ist auch die Herstellung des Gleichgewichts zwischen Ausgaben und Einnahmen der öffentlichen Verbände nicht das allein Entscheidende für Deutschlands wirtschaftliche Zukunft, so hat sie doch in mehrfacher Hinsicht primäre Bedeutung.

Jede Betrachtung der Ausgaben-Seite aller staatlichen Haushaltspläne muß die Frage ihrer Beziehungen zu der Volkswirtschaft beantworten, muß unterscheiden zwischen solchen

Verwendungszwecken, die unmittelbar oder auf Umwegen die Wirtschaft befruchten, und solchen, die als völlig unproduktiv erscheinen, sei es, daß sie unter dem Zwange der Verhältnisse unvermeidbar sind, sei es, daß sie ganz oder zum Teil dem Abbau anheimfallen können und daher müssen.

Wichtiger ist aber gegenwärtig die Analyse der Einnahme-Seite. Denn es ist klar, daß eine Gesundung und dauernde Gesunderhaltung der Finanzbilanz des Reiches und der Länder nur dann möglich ist, wenn der elementarste Grundsatz jeder Finanzpolitik wieder zu seinem unangetasteten Rechte kommt: die Deckung aller fortdauernden Ausgaben durch Steuern oder Überschüsse der eigenen Betriebe, wohingegen die Inanspruchnahme des Kredits nur bei außerordentlichem Bedarf und in der Regel nur für Ausgaben zu werbenden Zwecken erfolgen darf. Dieser Satz soll gleichmäßig einen Schutz für die staatliche Finanzverwaltung wie einen solchen für die Volkswirtschaft schaffen. Er hat darum auch Eingang gefunden in die Grundgesetze des Reichs und der Länder. Wird er nicht beachtet, so zeigen sich die Folgen für das gesamte Wirtschaftsleben in erschreckender Weise. Insbesondere dann, wenn der Kreditgeber nicht die Volkswirtschaft unmittelbar, sondern die zentrale Notenbank ist, die es ihrerseits in der Hand hat, den Mangel an anlagesuchendem Geld durch Schaffung zusätzlicher Kaufkraft zu decken.

Die Untersuchungen des Verfassers, die sich auf die ordentlichen Einnahmequellen beziehen, sind im besonderen deshalb lehrreich, weil sie unter Anwendung des als Reduktionsfaktor anzusehenden Begriffs der „Binnenmark“ deutlich ein Bild von der deutschen Verarmung geben. Das ist wichtig. Denn nicht nur im Ausland werden die Realitäten, die hinter den aufgeblähten Zahlen unserer staats-, volks- und privatwirtschaftlichen Einnahmen stehen, keineswegs immer zutreffend bewertet.

Wer sich aus den Ergebnissen der Arbeit ein Bild davon zu machen versucht, ob und inwieweit die wirkliche Herstellung der öffentlichen Finanzbilanz in Zukunft für Deutschland möglich sein wird, darf aber das eine nicht vergessen, worauf ich oben schon hingewiesen habe, aber auch hier am Schluß nochmals zurückkommen muß. Die Finanzbilanz der öffentlichen Verbände ist nicht das allein Entscheidende. Eine geschlossene

Volkswirtschaft kann nur gesund werden und gesund bleiben, wenn sie im Rahmen einer längeren Periode von Jahren ihren eigenen Verbrauch durch ihre eigene Erzeugung deckt. In den Verbrauch sind aber auch die durch Zahlungen aus dem Ausland nicht gedeckten Tribute an fremde Staaten einzurechnen. An dieser Stelle weitet sich augenscheinlich das gegenwärtige Finanzproblem über den Rahmen der vorliegenden Schrift hinaus. Anderseits ist es klar, daß an einer Stelle die operative Behandlung des kranken Organismus ansetzen muß, und das sind die Finanzen der öffentlichen Verbände.

Berlin, den 10. April 1923.

Saemisch.

INHALTSVERZEICHNIS.

Erster Teil:

Grundfragen staatlicher Finanzwirtschaft.

Zweiter Teil:

Die deutschen Staatsfinanzen von 1914 bis 1922.

Dritter Teil:

Das deutsche Steuerwesen von 1919 bis 1923.

Erster Teil.

Grundfragen staatlicher Finanzwirtschaft.

I. Staatsbedarf und Staatsvermögen: Württemberg.

Eingebettet zwischen deutschen Landen, nirgends ungeschützte deutsche Grenzmark, hat Württemberg sein Staatswesen in Ruhe fügen und ausbauen können, wenn sich auch im Lande der Schlösser und Burgen streitbare Burggrafen, freie Städte (rheinischer und schwäbischer Städtebund) und selbst die Kaiser (Habsburger Hausbesitz in Württemberg) nur ungern einordneten.

Am Ausgang des 18. Jahrhunderts Neckarstaat und Herzogtum — einer der 300 „Staaten" des Heiligen Römischen Reiches Deutscher Nation — wurde es mit anderen Rheinbundländern in Napoleons Gefolge Großherzogtum und Königreich. 1815 hatte es sich an Umfang und Volkszahl gegen 1800 (600000 Seelen) verdoppelt: Zum evangelischen Stammland waren katholische Gebiete getreten, zu Bauern selbstbewußte Städter. Seither hat es sich nicht mehr verändert; so konnten sich die Gegensätze in Ruhe verwachsen.

Schon 1819 verabschiedete der erste Württembergische Landtag seinen ersten Etat.

Volkszahl:	1910	1921
Württemberg	2,44 Mill.	2,52 Mill.
Norwegen	2,38 „	2,63 „
Griechenland	2,63 „	5,54 „
Dänemark	2,76 „	3,28 „

1. Das württembergische Etatsschema.

Die württembergische Regierung begleitet die drei großen Etatsgruppen mit folgenden Überlegungen:

I. Der Staatsbedarf erfordert . . . . x M.

II. Der Ertrag des Kammergutes beträgt . . . . y M.
reicht also zur Bestreitung des Staatsbedarfs nicht
aus um . . . . x minus y
welche durch Steuern zu decken sind.

III. Die Deckungsmittel betragen im ganzen . . . . z M.
der Bedarf an Deckungsmitteln ist oben berechnet
auf . . . . x minus y
mithin ergibt sich als Überschuß (Fehlbetrag) x minus y minus z.

2. Der Staatsbedarf.

Württemberg konnte in seinem Etat den Staatsbedarf, d. h. den Zuschußbedarf der reinen Hoheitsverwaltung, voranstellen und danach die Deckungsmittel ansetzen. Preußen, ein armer Staat auf kargem Boden, mußte erst seine Einnahmen überschlagen, um zu erkennen, was es sich an Verwaltungsausgaben leisten konnte. Sicher mußte auch Württemberg mit seinem Staatsbedarf im Rahmen dessen bleiben, was seine Bürger tragen konnten, denn immer und überall gilt der Satz, daß ein Staat seine Einnahmen nach den Ausgaben bestimmen könne und müsse, nur halb. Gewiß hat auch Preußen seine Steuern erhöht, wenn seine Aufgaben wuchsen. Aber ist dieser verschiedene Aufbau des württembergischen und preußischen Schemas wirklich nur Zufall?

3. Das Kammergut.

Was der Ertrag des Kammergutes vom Staatsbedarf nicht deckte, mußte, nach diesem württembergischen Schema, durch Steuern aufgebracht werden. Je größer also der Ertrag, desto besser für alle Teile.

Nach der württembergischen Verfassung von 1819 bildeten das königliche Kammergut „sämtliche zu dem vormalig herzoglich württembergischen Familienfideikommisse gehörigen, sowie die vom König neu erworbenen Grundstücke, Gefälle und nutzbaren Rechte, mit Ausschluß des sogenannten Hofdomänenkammergutes".

In der Reformationszeit fielen dem Kammergut Kirchengüter zu; ihre Erträgnisse ließ man Schulzwecken zugute kommen, ähnlich wie in Braunschweig und Hessen (Universität Marburg). Reichsfreie Fürsten und frühere Lehnsträger wurden durch Renten von ihren Gütern abgelöst, Grundstücke durch Kauf oder Leibrenten erworben. Das noch heute bestehende Haushaltskapitel „Renten, Zinsen und Entschädigungen" (die letzteren an frühere Reichsstände, an Gemeinden und Rittergüter für aufgehobene Kammersteuern und Umlagerechte) könnte viel erzählen.

Die Zugänge und Abgänge des Kammergutes werden als „Grundstockverwaltung" in den jährlichen Rechenschaftsberichten eingehend dargelegt (siehe Tafel 1, Gesamtabschluß); seine Erträge dagegen erscheinen im Etat unter Kammergut.

Die staatlichen Forsten umfassen $^1/_3$ der württembergischen Waldfläche oder, da $^1/_3$ des Landes mit Wald bedeckt ist, $^1/_9$ des gesamten Bodens. Für 1914 wurden aus den preußischen Forsten 2,04 M. je Preuße, aus den württembergischen aber 4,87 M. je Württemberger, also fast das $2^1/_2$fache, erwartet. Bis 1919 hat der Forstertrag den der Eisenbahnverwaltung immer übertroffen; Eisenbahnanlagen kosten im bergigen Württemberg erheblich mehr Zinsen je Kilometer als im flachen Preußen.

Die Domänen, deren Ertrag (in 1914 etwa 11 Pfg. je Württemberger) unter „Kameralämter" erscheint, umfassen 5000 ha, während die preußischen über 440000 ha nutzbarer Fläche (40 Pfg. je Preuße) verfügen. Auch am Berg- und Hüttenwesen seines Landes ist der württembergische Staat weniger beteiligt als der preußische an dem Preußens. Über das Eisenbahnwesen, das mehr und mehr den Hauptteil des Vermögens der Bundesstaaten ausgemacht hatte, wird noch zu sprechen sein.

Als Kammergut bezeichnet Württemberg nur das reine Finanzvermögen, die werbenden Anlagen. Daneben spielt auch das Verwaltungsvermögen (Gebäude der Staatsverwaltungszweige, Inventar usw.) eine nicht unerhebliche Rolle, die aber etatmäßig weniger hervortritt.

4. Der Kampf um die Steuern.

Über die Einkünfte des Kammergutes konnte der Landesherr nach altständischem Grundsatz frei verfügen; deckten sie aber seinen Geldbedarf nicht — und das war in Kriegs- und Notzeiten leider nur zu oft der Fall —, so mußte er die Landstände (Vereinigung der Ritterschaft und Städte) angehen und sich von ihnen Steuern oder Umlagen bewilligen lassen. Dafür wurden meist zwei Zugeständnisse verlangt: 1. die aufzubringenden Steuern fließen nicht mit den übrigen Einnahmen in seine Kammerkasse, sondern in eine besondere „Ständische Kasse"; 2. den Landständen wird mehr und mehr Einblick in die Finanzverwaltung gewährt, denn wenn sie zahlten, wollten sie auch wissen wofür.

Auch in Württemberg haben Fürsten und Stände um diese beiden Punkte gekämpft, bis 1819 die Verfassung den Ständen das Bewilligungsrecht für den gesamten Haushaltsplan überließ.

Bis 1819 hatte der „Landessteuerkasse“, d. h. den Ständen, die „Obersteuereinnehmerei“ unterstanden; seither wurden von ihr nur die Kosten der ständischen Vertretung und die der „Schuldenzahlungskasse“ verausgabt. In 1919 stellte sich der Landtag als besonderes Etatskapitel an die Spitze des Staatsbedarfes; die Schuldenkasse trat zum gesamten Schuldendienst.

Auch andere deutsche Staaten haben bis 1918 landesherrliche Domänen- oder Kammer-Kasse und reinständische Finanzverwaltung getrennt: Braunschweig z.B. hatte neben einem Staatshaushaltsetat einen Kammerkassenetat; Sachsen-Koburg-Gotha schied Domänenetat und Kassenetat, Sachsen-Meiningen Domänenkasse und Landeskasse. Auch in Preußen wurde die Zivilliste des Königs nicht aus den allgemeinen Staatsmitteln als Staatsbedarf bestritten, sondern unmittelbar von den Einnahmen der Domänen und Forsten, d. h. des ehemaligen Kammergutes, abgesetzt; erst der „Zuschuß zur Rente des Kronfideikommiß“ erschien seit Anfang dieses Jahrhunderts als Zuschußfonds der Staatsverwaltung.

„Die Einnahme aus dem Kammergut ist die wirtschaftliche Basis des selbständigen Königtums und mit ihm der inneren wie äußeren Staatenbildung; denn sie ist die Grundlage der materiellen Unabhängigkeit der Könige gegenüber der Herrschaft und Gewalt der Ständischen Körperschaften“ (Freiherr vom Stein).

Württemberg scheidet Kammergut und Steuerquelle und betont so die Bedeutung eines wohlgepflegten Kammergutes. Oder war es wieder nur Zufall, daß das Reich den Bundesstaaten ihren Hauptvermögensposten, die Eisenbahnen, nahm, obwohl sie Zuschußverwaltungen waren?

II. Laufende Verwaltung und Anleihen: Sachsen.

Nach Westen Thüringer Land, nach Süden und Osten das Erzgebirge, nach Norden aber, wohin sich das Land abdacht, das erstarkende Brandenburg-Preußen: in welcher Richtung sollte das Kurfürstentum Sachsen, aus unsäglichen Erbteilungen hervorgegangen, seine Kräfte wirken lassen? Weder der Übergriff nach Böhmen (1635), noch die „nebenamtliche“ Verwaltung des 20mal größeren Polen (1697—1750 und 1807) sind geglückt.

Sachsens Schicksal war, daß es zwischen Preußen und Österreich lag. Es hat in deren Kampf alle Leiden des kleinen Neutralen bis zur Neige (1815) auskosten müssen. Einst Vormacht des Protestantismus (Wittenberg, Luther), schloß es sich an Österreich an und wurde dessen Einfallstor nach

Norddeutschland (Breitenfeld und Lützen). Friedrich der Große wiederum machte es zur Basis seiner Kriege (Kesselsdorf, Roßbach, Hochkirch; Dresden als ständiges Winterlager). Kaum 40 Jahre war Sachsen dann ohne Schlachten (1765 Bergakademie Freiberg, 1782 die Finanzverwaltung dem Geheimen Finanzkollegium unterstellt). 1806 mit Preußen bei Jena geschlagen, wurde der Großherzog von Sachsen Rheinbundfürst, König und im Tilsiter Frieden — damit Preußen erneut umklammert werde — auch König von Warschau. 1805 und 1809 mußten seine Truppen gegen Österreich, 1812 gegen Rußland und 1813 gegen Preußen kämpfen (Völkerschlacht bei Leipzig), bis dieses 1815 das seit 1813 von ihm verwaltete Land zur Hälfte verschluckte (Provinz Sachsen).

1834 trat Sachsen zum deutschen Zollverein. 1838 nahm es den preußischen Münzfuß an. 1835 wurde das Finanzwesen geregelt: Unter Aufsicht einer ständischen Deputation verwaltete fortan eine Staatshauptkasse das Staatsvermögen, eine Finanzzentralkasse die Staatsausgaben und eine Staatsschuldenkasse den Schuldendienst; statt verwickelter Abgaben wurden drei klare Steuern eingeführt: eine Gewerbesteuer für die Städte, eine Grundsteuer für das platte Land (neue Katastrierung) und eine Personalsteuer für beide. 1848 beschlossen die Landstände das erste Budget.'

1864 mit Österreich und Preußen gegen Dänemark, 1866 ein letztes Mal mit Österreich gegen Preußen, trat Sachsen dann dem Norddeutschen Bunde bei (Schutz- und Trutzbündnis mit Preußen).

Wahrlich ein seltsames Stück deutscher Geschichte.

Volkszahl:	1910		1921	
Sachsen	4,81	Mill.	4,66	Mill.
Schweiz	4,76	„	4,88	„
Australien (ohne Ureinwohner)	4,46	„	5,44	„
Irland	4,39	„	4,50	„
Bulgarien	4,36	„	4,86	„
Litauen	—	„	4,16	„

1. Der Aufbau des sächsischen Haushaltsplanes.

Sein Grundschema blieb seit der „Budgetvorlage für die Jahre 1849, 1850 und 1851“ fast das gleiche: „ordentlicher“ und „außerordentlicher“ Haushalt völlig getrennt; im „ordentlichen Haushalt“ I. Budget der Staatseinkünfte (später Überschußverwaltungen) und II. Budget des Staatsaufwands (später Zuschußverwaltungen); das erstere in A. Nutzungen des Staatsvermögens und der Staatsanstalten (Ertrag des Kammerguts) und B. Steuern und Abgaben, das letztere in 10 Verwaltungen gegliedert.

1849 arbeitete Sachsen mit dreijährigen, seit den siebziger Jahren mit zweijährigen, seit 1920 mit einjährigen Finanzperioden. Die Periode 1918 und 1919 umfaßt $2^1/_4$ Kalenderjahre, da mit 1920 vom Januarjahr zum Apriljahr übergegangen wurde.

2. Die drei Arten von Staatsausgaben.

Gehälter, Pensionen und andere persönliche Ausgaben, wie auch eine Reihe sächlicher (Geschäftsbedarf, Heizung u. ä.) müssen Jahr für Jahr vom Staate bereitgestellt werden; sie lassen sich, in normalen Zeiten, vorher ziemlich genau errechnen. Wir nennen sie: Laufende Ausgaben.

Ebenso müssen jedes Jahr kleinere Aufgaben geleistet werden: hier ein Umbau, dort ein Ausbau; Altes muß instand gesetzt und Neues beschafft werden (Eisenbahnverwaltung). Die Namen der Ausgaben wechseln, ein gewisser Bedarf aber wird alljährlich zu decken sein: Einmalige Ausgaben.

Oft überschreiten Aufgaben die Finanzkraft eines Jahres. Wenn Straßen und Kanäle gebaut, Land entwässert oder eingedeicht oder neue Eisenbahnstrecken angelegt werden sollen, so wird der Staat Anleihen aufnehmen. Diese Werke werden sich zum Teil selbst verzinsen; wenn sie es nicht tun, so soll der Steuerzahler die Zinsen aufbringen, hat er doch den Nutzen davon. Wir nennen solche Ausgaben: Anleiheausgaben.

Leider werden diese drei Ausgabearten in den einzelnen Staaten nicht nur verschieden benannt, sondern auch etattechnisch verschieden behandelt.

3. Der sächsische „außerordentliche Haushalt".

Seit den siebziger Jahren durften, wie die Regierung mit den Ständen vereinbart hatte, in den außerordentlichen Haushalt eingestellt — d. h. auf Anleihe genommen — werden:

1. Ausgaben für werbende Anlagen. 2. Ausgaben zur Beseitigung fortdauernder pekuniärer Staatslasten (Ablösung von ewigen Renten u. ä.). 3. Ausgaben zur Vermehrung und Sicherung des Nationalwohlstandes (Elbquaianlagen u. ä.). 4. Ausgaben bei nationalen Unglücksfällen (Krieg u. ä.). Schließlich „könnte im Zweifelsfalle auch die Rücksicht auf die im Interesse der Steuerpflichtigen liegende möglichste Stetigkeit in der Höhe der Steuerzahlung für Aufnahme einer Ausgabe in den außerordentlichen Haushalt den Ausschlag geben".

Die Möglichkeiten, die in dieser Definition lagen, hat Sachsen glücklicherweise nie voll ausgenutzt. In den Jahren 1894 bis 1903 wurden allerdings neben den üblichen Eisenbahnanleihen auch in nicht unerheblichem Umfang solche für Justiz, Inneres und Kultus aufgenommen. Das starke Anwachsen der Staatsschuld führte aber dazu, daß von 1906 bis 1914 wieder nur Eisenbahnanleihen, von besonderen Fällen (1913 Erwerb von Kohlenfeldern) abgesehen, bewilligt wurden.

Gefahr war jetzt nur, daß man Ausgaben auf Anleihe nahm, mit denen eigentlich die Eisenbahn hätte belastet werden müssen. So konnten aus ihrem — zu großen — Überschusse Staatsverwaltungsausgaben gedeckt und darum berechtigt erscheinen, die es vielleicht nicht waren. In der Praxis hat Sachsen diese Gefahr gemieden, indem es seinen außerordentlichen Haushalt, der theoretisch ganz auf Anleihe genommen werden durfte, nicht nur durch Anleihen, sondern auch aus den oft beträchtlichen Überschüssen der ordentlichen Haushalte deckte, d. h. aus laufenden Einnahmen. Ebenso erscheinen bei Württemberg als Einnahmen des „außerordentlichen Dienstes" neben den Anleihen auch Mittel der Restverwaltung, des Eisenbahnreservefonds und der Grundstocksverwaltung; Bayern stellt dort neben zwei Anleihearten („Allgemeines Staatsanlehen" und „Eisenbahnanlehen") ebenfalls Überschüsse früherer Finanzperioden in Einnahme.

Sicher würde der sächsische Haushaltsplan formell gewinnen, wenn er zwischen seinen ordentlichen und außerordentlichen Ausgaben die einmaligen ausschiede, etwa wie Württemberg bei den betreffenden Verwaltungskapiteln im ordentlichen Dienst als besonderen Titel „Einmalige Ausgaben" absetzt. In der Praxis aber wird es immer schwierig bleiben, eine einmalige Ausgabe als solche anzusprechen. Was dem achtmal größeren Preußen bei den Betriebsmitteln seiner Eisenbahnverwaltung als einmalige Ausgabe erschien, hätte bei Sachsen oder dem noch kleineren Württemberg — wie auch bei Bayern — vielleicht auf Anleihe genommen werden müssen.

4. Der Begriff „außerordentlich" in Preußen und im Reiche.

Preußen bestreitet laufende wie einmalige Ausgaben aus laufenden Einnahmen; die Anleiheausgaben dagegen erscheinen gar nicht im Etat, sondern werden durch besondere Anleihegesetze bewilligt.

Abgerechnet werden sie als „außerplanmäßig“ in den jährlichen Rechenschaftsberichten („Übersichten über die gesamten Einnahmen und Ausgaben des Staates“). Dort werden zu Gruppen zusammengefaßt: 1. Verausgabungen von Schatzwechseln (abgerechnet unter allgemeiner Finanzverwaltung: Einnahmen gleich Ausgaben). 2. Kreditfonds für Eisenbahnzwecke (abgerechnet unter Eisenbahnverwaltung). 3. Kreditfonds für andere als Eisenbahnzwecke (bei den betreffenden Verwaltungen). 4. Sonstige außerplanmäßige Ausgaben (bei den betreffenden Verwaltungen), und zwar seit 1914 a) aus Anlaß des Krieges, b) aus anderer Veranlassung.

Sachsen kann — wie auch Bayern und Württemberg — seinen Kreditbedarf am Anfange des Etatsjahres ziemlich übersehen und darum seine Anleiheausgaben in den Etat einstellen. Das achtmal größere Preußen, noch heute fast so groß wie Frankreich, belastet seinen Etat, der schon ohnehin umfänglich genug ist, nicht damit; der Landtag kann ihn schneller verabschieden und dann die auf Anleihe zu nehmenden Ausgaben in Ruhe prüfen.

Weil Preußen so seine Anleiheausgaben vom Etat abtrennt, bezeichnete es bis 1922 seine einmaligen Ausgaben als „einmalige und außerordentliche“, gebrauchte also den Begriff „außerordentlich“ in ganz anderem Sinne wie Sachsen. Im Voranschlag 1923 erscheint das Wort „außerordentlich“ nicht mehr.

Das Reich bringt in seinem ordentlichen Haushalt die „fortdauernden“ und die „einmaligen“ Ausgaben, in seinem außerordentlichen Haushalt dagegen die Anleiheausgaben, die es früher (für Heer, Marine, Post, Auswärtigen Dienst) vorher veranschlagen konnte. Die Behandlung des außerordentlichen Haushalts im Kriege wird noch zu untersuchen sein.

5. Eisenbahnanleihen.

Sachsen durfte auf Anleihe nehmen, „was den Nationalwohlstand zu vermehren oder zu sichern geeignet ist“. Es hat den Kreis seiner Anleiheausgaben aber eng und enger gezogen, bis sie fast ausschließlich der Eisenbahnverwaltung (Kapitalanlagen) zugute kamen. Verwaltungsanlagen (Verwaltungsgebäude) wurden auf ordentliche Einnahmen verwiesen. Die Staatsverwaltungen, denen also keine oder kaum zinsenkostende Kredite zugute kommen, sind darum bei Sachsen etatmäßig voll belastet.

Schwieriger liegt diese Frage bei den Betriebsverwaltungen. Von ihnen wird man mit Recht verlangen, daß sie ihre Schuld selbst verzinsen und tilgen.

Erst 1909 hat Preußen seine Eisenbahnverwaltung mit ihrem Zinsendienst, der bis dahin als Staatsbedarf behandelt wurde, belastet. Bayern etatisiert seit 1910 Staatsschuld und Eisenbahnschuld getrennt. 1912 ist Sachsen ihrem Beispiel gefolgt. Württemberg hat die Eisenbahnverwaltung bis 1919 nicht mit ihrem Zinsendienst belastet. So lassen sich die ausgewiesenen Eisenbahnüberschüsse dieser Staaten schon aus diesem Grunde nur mit Vorbehalt vergleichen.

Mag es sich um sich selbst verzinsende Kapitalanlagen (Eisenbahn) oder zu verzinsende Staatsschuld (Straßen u. a.) handeln, immer muß der Staat mit seinen Anleihen in gewissen, nur gefühlsmäßig zu erfassenden Grenzen bleiben. Wie er in seinem Etat buchmäßig vorgeht, bleibt eine Frage zweiten Ranges.

III. Steuergerechtigkeit und Steuerarten: Bayern.

Nördlich der Donau schoben die Kurpfalz am Rhein und die Oberpfalz am Fichtelgebirge ihre Hausmacht vergeblich vor bis Seeland und Friesland (1324) oder Böhmen (Schlacht am weißen Berge). Südlich der Donau dagegen hat sich das Herzogtum Bayern, durch Lage und Eigenart des Stammes schon früh geeint, immer wieder zusammengefunden. Langsam und zäh schlossen die Wittelsbacher Gebiet um Gebiet ihrem Stammlande an.

Auch Bayern lag — wie alle deutschen Staaten — zwischen Österreich und Frankreich. Bald waren Österreichs brüderliche Arme allzuweit geöffnet: während des Spanischen Erbfolgekrieges hielt es Bayern besetzt und ächtete seinen Herzog; bald wurde Frankreich übermächtig: der Herzog von Bayern wurde Rheinbundfürst und König. 1803 gewann er dadurch neue Bistümer, Abteien und Reichsstädte; 1805 und 1809 aber überwies ihm Napoleon Gebiete seiner Feinde: das österreichische Tirol-Vorarlberg und das preußische Ansbach-Bayreuth.

1814 entsagte Bayern Frankreich, dem es noch 1812 hatte Gefolgschaft leisten müssen, und kämpfte an der Seite der Verbündeten gegen Napoleon. 1815 wurde es auf den heutigen Umfang abgerundet und trat dem deutschen Bunde bei. In den kommenden Jahrzehnten pflegte es vor allem seine innere und kulturelle Entwicklung (Ludwig I.), während zwischen Österreich und Preußen der große Kampf um die deutsche Vormacht anhub, bis Preußen 1866 den Weg zu einem starken Deutschen Reiche mit freien Bundesstaaten bahnte.

Volkszahl:	1910	1921
Bayern	6,89 Mill.	7,14 Mill.
Belgien	7,42 „	7,46 „
Kanada	7,21 „	8,77 „
Südafrikanische Union	5,97 „	6.90 „
Portugal	5,96 „	6,40 „
Holland	5,85 „	6,84 „
Schweden	5,52 „	5,90 „
Argentinien	5,10 „	7,90 „
Ungarn	20,9 „	7,94 „

1. Steuerquellen.

Laufende Steuern können die Bürger nur aus ihren laufenden Einkommen bezahlen, mag man sie auch nach Vermögensbesitz bemessen. Auf die Dauer kann man den Vermögensstamm nicht belasten, sonst leidet der Wohlstand und darum die Steuerkraft. Theoretisch wäre also die Einkommensteuer als einzige Steuer zweifellos die gerechteste Form der Besteuerung: jeder gibt von seinem Einkommen den nötigen Teil ab.

In der Geschichte aber hat sich die Einkommensteuer erst spät entwickelt. In der ersten Hälfte des vorigen Jahrhunderts bedeutete der Übergang von den alten Steuerquellen (Zehnten usw.) zur staatlichen Ertragsbesteuerung, vornehmlich von Grund-, Gebäude- und Gewerbeertrag, schon einen gewaltigen Fortschritt.

Nachdem man daneben die verschiedenen Stufen der Personalbesteuerung durchgemacht hatte (Kopf-, Familien- und Klassensteuern), gelang es, zunächst die spezielle und später mehr und mehr die allgemeine Einkommensteuer auszubauen und so den Steuerzahler nach seiner tatsächlichen Leistungsfähigkeit zu treffen.

Preußen deckte in 1913 von seinem gesamten Steuerertrag 73 vH. aus der Einkommensteuer, Bayern dagegen nur 36 vH., die in Preußen unbekannte Biersteuer brachte 45 vH. Trotzdem Bayern mit höheren Tarifen veranlagte, war der Ertrag der Einkommensteuer in Bayern geringer als die Kopfquoten in den mehr industriellen Staaten Preußen und Sachsen. So wechseln die Steuerquellen von Land zu Land.

Die Franzosen haben erst kurz vor dem Weltkrieg den Mut zur Einkommensteuer gefunden. „Was man auch theoretisch gegen die indirekten Steuern sagen kann, Tatsache ist, daß man sie weniger fühlt“ (Bismarck); schon darum wird man sie nicht entbehren können, wenn wir Deutschen auch mit unserer Gründlichkeit die „direkten“ Steuern vorziehen möchten.

Was aber sind „direkte“ und was „indirekte“ Steuern? Einst schied man Schatzungen und Auflagen. Bei den Schatzungen wollte man den einzelnen Bürger direkt nach seiner Steuerkraft heranziehen, gleichviel ob man diese nach Einkommen, Vermögen, Grundbesitz oder sonstwie unmittelbar feststellte (Veranlagte Steuern). Bei Auflagen aber schloß man aus Merkmalen seines Verbrauches (an Tabak, Salz, Zucker u. a. m.), Aufwands und Verkehrs auf seine Leistungsfähigkeit (Gelegenheitssteuern).

Wer letzten Endes die Steuern trägt, wer will das sagen? Die Auflagen sollen abgewälzt werden, die Schatzungen nicht, ob aber in der Wirklichkeit eine Überwälzung (durch Preisaufschläge) oder eine Abwälzung (durch erzwungene technische Ersparnisse) vorliegt, ist außerordentlich schwer zu entscheiden.

Die Reichsfinanzverwaltung scheidet: A. Besitz- und Verkehrssteuern und B. Zölle und Verbrauchssteuern; sie ersetzt so die reelle Trennung von „direkten“ und „indirekten“ Steuern durch eine formale.

2. Steuerwesen.

Um Steuertheorien hat sich die Praxis erst spät gekümmert. Meist nahm man das Geld, wo und wie es sich am leichtesten fassen ließ. Ob der Untertan seinen Beitrag zum landesherrlichen Aufwand durch Frondienst, in Naturalien oder in Geld beisteuerte — Hauptsache war, daß die Mittel einkamen. Wie hart der Steuerdruck nicht nur in schlimmen Jahren einst war, wie rücksichtslos säumigen Steuerzahlern auch das Notwendigste gepfändet wurde, davon machen wir Heutigen uns keinen Begriff mehr. Nicht ohne Grund hat der französische Steuerdruck des 18. Jahrhunderts zur Revolution geführt. In Preußen wurde die Exekution unter Friedrich II. menschlicher und milder.

Auch in Bayern führte ein langer Weg vom Frondienst über Markt- und Messegelder, über Brücken- und Wegezölle zu laufenden Steuern und Abgaben auf Personen und Einkommen, auf Bergwerke, Jagden, Münzen und tausenderlei andere Dinge — bis in immer klarere Steuersysteme hinein. Noch um 1818 gab es im jungen Königreich Bayern sechs Steuerverfassungen (Würzburgische, Aschaffenburgische, Fuldaische, Hessische und

Badische Steuerverfassung) und 607 verschieden benannte direkte Steuern, darunter 114 verschiedene Grundsteuern.

Damals hat Bayern als einer der ersten deutschen Staaten den Grundsatz durchgeführt, daß alle Bürger die Staatslasten zu tragen hätten; damit fiel die Steuerfreiheit von Grundadel und Klerus. Seit 1828 gab es vier klare Steuern: Grund-, Haus-, Gewerbe- und Erwerbssteuer. Auch in Bayern hat, wie in allen Ackerbaustaaten, die leicht zu veranlagende Grundsteuer neben den übrigen Ertragssteuern lange große Bedeutung gehabt, bis die spezielle, seit 1913 die allgemeine Einkommensteuer mehr und mehr an erste Stelle trat.

Von den bayrischen direkten Steuern brachten in Prozent[1]):

	Grundsteuer	Haussteuer	Einkommensteuer	Kapitalrentensteuer	Gewerbesteuer
1870	64	10	3,5	7,0	15
1880	49	15	6,4	11	18
1890	40	17	7,2	14	22
1900	30	18	8,2	14	28
1910	21	22	11	17	28
1913	7,3	9,6	69	7,7	6,3
1918	4,6	6,6	76	6,2	7,0

Versuche, Grund und Gebäude in brauchbarer Weise zu katastrieren, waren schon mehrfach in Angriff genommen, sind aber wie in Preußen (Versuche unter dem Großen Kurfürsten und Friedrich Wilhelm I.) erst im vergangenen Jahrhundert zum Abschluß gekommen (Bayern Gesetz von 1828, Preußen 1861). Erst um die Mitte des vorigen Jahrhunderts wurden auch in Bayern die Steuern voll eingeführt, die uns heute schon selbstverständlich scheinen: 1848 spezielle Einkommen- und Kapitalrentensteuer. (1851 Einkommenklassensteuer in Preußen; 1891 Miquelsche Reform). Wir vergessen zu leicht, daß das nötige, technisch wie vor allem moralisch zuverlässige Steuerbeamtentum nicht vom Himmel fällt.

Was aber werden wir von einem geordneten Steuerwesen verlangen?

---

[1]) Nach Angaben des bayrischen statistischen Landesamtes.

1. Das Steuersoll sei tragbar: die Wirtschaft kann nur begrenzte Beträge aufbringen.'

2. Die Steuerlast sei möglichst gerecht verteilt; ob es eine endgültige Gerechtigkeit gibt, wird noch zu untersuchen sein.

3. Die Steuertechnik sei einfach: klare Steuergesetze, einfache Erhebung (sonst fressen die Kosten von Veranlagung und Erhebung zuviel vom Ertrag auf).

3. Steuertechnik.

Lange hat man die Steuern verpachtet. Härten und Ungerechtigkeiten der Pächter aber erzeugten immer wieder Mißmut. In Bayern flossen die Kammereinkünfte in das „Hofzahlamt", ständische Steuern in die „Kriegszahlkasse", der Schuldendienst, dem zeitweilig bestimmte Steuern zugewiesen waren, in das „Schuldwerk".

Langsam entwickelte sich die staatliche Steuertechnik. Heberegister und Kataster wurden aufgestellt, geregelt wurde, wie und wann die Steuern zu erheben waren, wie zu bescheinigen und zu buchen, wie nachzulassen, wie zu stunden (Steuerrecht [Beschwerde] und Steuerstrafen mußten festgelegt werden). Bayern ist mit seinen Gesetzen aus dem Jahre 1828 für das Steuerwesen der deutschen Staaten lange vorbildlich gewesen, bis Preußen es durch die Miquelschen Reformen der 90er Jahre überholte. Mit den Gesetzen von 1910 setzte sich Bayern aber wiederum an die Spitze.

Das Steuerwesen unterstand dem Finanzminister. Die Veranlagung der Hauptsteuer, der Einkommensteuer, erfolgte durch den Steuerausschuß (auf Vorschlag der Kreisverwalter ernannter Vorsitzender und von der Gemeindevertretung gewählte Mitglieder), der die Steuersätze festzulegen hatte. Die Erhebung erfolgte auf Grund besonderer Steuerrollen durch die Rentämter (in Preußen: Gemeinden und Kreiskassen). Die Grundsteuer wurde durch die Taxatoren (von der Gemeinde gewählte Landwirte) und staatlichen Obertaxatoren nach dem mitteljährigen Ertrage festgelegt.

Die Reichsfinanzreform von 1919 hat die Steuerverwaltung dem Reiche übertragen: es wurde in Landesfinanzamtsbezirke eingeteilt, denen wiederum nach dem Vorbilde der süddeutschen Rentämter errichtete örtliche Finanzämter unterstehen.

4. Von der unmöglichen Steuergerechtigkeit.

Niemand zahlt gern Steuern: Wieviel aber muß er „gerechterweise" zahlen?

Auch in den Steuergesetzen spiegeln sich Machtverhältnisse. Erst als das Bürgertum den Adel zum Steuerzahlen zwingen konnte, fiel seine Steuerfreiheit.

Eine weitere Schranke auf dem Wege zur Steuergerechtigkeit lag und liegt in der Steuertechnik selbst: nur wo diese ziemlich ausgebildet war, konnte man die Bürger nach ihrer — festzustellenden — Leistungsfähigkeit heranziehen.

Die dritte Schranke aber liegt in wirtschaftlichen, politischen und selbst persönlichen Anschauungen. Der eine will den Tabak totsteuern — der Raucher wird diese „Gerechtigkeit" kaum anerkennen. Ein anderer haßt den Alkohol und kommt in Gegensatz zu dem, der einen steuerfreien Tropfen liebt. Ein dritter möchte dem Reichtum die Gurgel abdrücken und ein vierter die Industrie belasten. Die beiden ersten Schranken können fallen — diese wird bestehen, solange die „Geschmäcker" verschieden sind.

IV. Finanzverwaltung und Kontrolle: Preußen.

Wer auf ostelbischem Sande leben wollte, mußte zwischen Hunger und Tat wählen. Sand sollte Erde werden und Früchte tragen; das verlangte harte, harte Arbeit. Nicht durch Heiraten und Erben, sondern in Arbeit, Kampf und Hunger ist Preußen groß geworden. Ein hartes Schicksal peitschte es vorwärts. In jedem Kampfe galt es Sieg oder Untergang.

1648: Ordensland — Kurmark — Rheinischer Besitz: Länderfetzen mit endlosen Grenzen. Der Rhein führte zum ewigen Gegensatz zu Frankreich. 1795: die gefährlichste Stunde, als Preußen ein übergroßes Stück Polens mit volksfremden Untertanen aufsaugen wollte. 1807 nahm Napoleon dem verhaßten Preußen fast alles und rettete es vor dem Schicksal Österreichs, das sich schneller nach Osten auswuchs, als sein deutscher Kern die neuen Länder germanisieren konnte.

1815: Preußen nach Absicht der Gegner zerrissen in den Ostteil (mit den beiden Schenkeln Schlesien und Ostpreußen) und den Westteil (Rheinland und Westfalen). Statt des begehrten protestantischen Sachsen überließ man ihm $^1/_3$ katholischer Untertanen am Rhein. So mußte auch Preußen in sich Gegensätze ausgleichen (Ost und West, Protestantismus und Katholizismus) und nach außen die Brücken zwischen seinen Gebieten schaffen (Zollverein, Schleswig-Holstein, Hannover, Hessen).

Im neuen Deutschen Reich gab dann Preußen den deutschen Mittelstaaten den Rückhalt, den sie so lange in Frankreich, Österreich, England (Hannover) und Rußland (Oldenburg) hatten suchen müssen.

Volkszahl:	1910	1921
Preußen	40,2 Mill.	37,1 Mill.
Frankreich	39,6 „	39,2 „
England u. Schottland	40,8 „	42,8 „
Italien	34.7 „	38,8 „
Spanien	19,6 „	21,3 „

1. Die preußische Finanzverwaltung.

Noch im 13. Jahrhundert mußten die Landesherren von Domäne zu Domäne, von Pfalz zu Pfalz ziehen, um die dort aufgespeicherten Naturalabgaben an Ort und Stelle zu verzehren. Eine geordnete Finanzverwaltung war bei Naturaleinkünften nicht möglich. Die Kammerkasse des Landesherrn litt unter den höchst unregelmäßigen Einkünften. So wuchsen die Schulden: in 1415, als die Hohenzollern in die Mark kamen, waren $^{9}/_{10}$ der Landeseinkünfte verpfändet.

Um 1500 traten in Brandenburg an die Stelle der Vogteien Amtskammern, denen zur Verwaltung der Landeseinnahmen und Domänen Hofrentmeister unterstanden. Um 1600 wurde der Geheime Rat errichtet und damit der erste Schritt zu einer zentralen Finanzverwaltung getan. Aber erst Friedrich Wilhelm I. schuf eine wirkliche Zentralverwaltung, das Generaldirektorium.

Seit 1810 etwa besteht die preußische Finanzverwaltung in der heutigen Form. 1820 bis 1865 wurden nach und nach in allen Provinzen gleiche Steuersätze eingeführt (progressive Einkommensteuer, neue Grundsteuerkataster). 1820 wurde zum erstenmal ein preußischer Etat veröffentlicht. Seit 1849 mußte er dem Landtag vorgelegt werden. 1919 wurde die preußische Steuerverwaltung vom Reiche übernommen.

Je vollständiger die Einnahmen und Ausgaben des Staates im Etat erscheinen, desto klarer wird das Bild seiner Finanzgebarung. Darum haben überall die Parlamente in erbittertem Kampfe Nebenfonds, Extraetats und andere „Töpfchen", über welche die Regierung frei verfügen konnte, zu beseitigen gesucht und die Titel möglichst genau festgelegt. Die für den einzelnen Titel bewilligten Mittel sind in der Regel nicht übertragbar, so daß aus ihnen keine Ausgaben für andere als die bestimmten Zwecke geleistet werden können. Überschreitungen muß der Landtag nachträglich genehmigen.

2. Der Voranschlag.

Die Provinzialbehörden, die allein das laufende wie auch das noch nicht abgerechnete vorhergehende Jahr für ihren Bezirk einigermaßen übersehen können, bereiten den Etat vor, indem sie für ihren Bezirk Anträge stellen (Etats der Verwaltungsbezirke).

Aus diesen Anträgen baut jedes Ministerium seinen Sonderetat auf (Ministerialetats).

Das Finanzministerium muß aus diesen mannigfachen Wünschen einen mit den wahrscheinlichen Einnahmen balancierenden Gesamtetat aufstellen, was ohne Streichungen nicht möglich ist (Hauptfinanzetat); um aber das Richtige zu streichen, muß es in allen Fragen ein eigenes Urteil haben.

Der Landtag überweist diesen „Regierungsentwurf" in erster Lesung dem Hauptausschuß zur Einzelberatung und stimmt im Plenum in weiteren zwei Lesungen über ihn ab; danach wird der „festgestellte" Haushaltsplan durch Finanzgesetz verkündet. Der Staatsrat hat wie früher das Herrenhaus nur das Recht, im ganzen anzunehmen oder abzulehnen.

Nun kann der Finanzminister die bewilligten Gelder freigeben. Sie werden nach einem internen „Kassenetat" auf die Verwaltungen und Kassen verteilt und von diesen verausgabt.

3. Das Kassenwesen.

Für die Einkünfte aus dem landesherrlichen Hausbesitz bestand die Kammerkasse; jede Provinz hatte ihre besondere Provinzialkasse; die Stände arbeiteten mit ständischen Kassen; daneben bestanden noch unendliche Sonderkassen: Forst-, Bergwerks-, Stempel-, Chausseegeld- und andere Kassen. Erst nach und nach traten diese Kassen unter die zentrale Verwaltung (Grundsatz der Kasseneinheit), so daß alle Einnahmen etat- und buchmäßig dem Finanzminister zur Verfügung stehen (Finanzielles Anweisungsrecht).

Seit 1828 steht in Preußen die Generalstaatskasse an der Spitze des Kassenwesens für alle Zweige der preußischen Verwaltung. Unter ihr bestehen, neben einigen Zentralkassen, die Provinzial- und die Unterkassen.

Als Zentralkassen gelten die Hauptkasse der Staatsbank, die Staatsschuldentilgungskasse, die Münzkasse und die Generallotteriekasse.

Als Provinzialkassen wirken die 34 Regierungshauptkassen in den Regierungsbezirken, die Polizeihauptkasse in Berlin, die Kasse der Bau- und Finanzdirektion in Berlin, die Bergwerkshauptkassen und die Justizhauptkassen.

Zu den unteren Kassen gehören die Kreiskassen, die Forstkassen, die Domänenrentamtskassen, die Eichamtskassen, die Kassen der Bergwerksverwaltung, die Gestütskassen, die Polizeikassen, die Gerichtskassen, die Baukassen, die Kassen der Unterrichtsanstalten und gewerblichen Lehranstalten usw.

Die Generalstaatskasse steht im unmittelbaren Geschäftsverkehr nur mit den Zentralkassen und den Provinzialkassen. Die Regierungshauptkassen rechnen mit den Unterkassen aller Verwaltungen ab. Nur in der Justiz- und der Bergwerksverwaltung rechnen die Unterkassen (Justizkassen und Bergwerkskassen) mit den Justizhauptkassen und den Bergwerkshauptkassen ab, von diesen wiederum die ersteren mit den Regierungshauptkassen, die letzteren aber mit der Generalstaatskasse.

Jede Kasse hat ihren bestimmten Aufgabenkreis und darum ihre Buchungstechnik. Rücksichtslos scharfe Kontrolle aber hatte ein vorbildliches Beamtentum erzogen.

So wird aus tausend Kanälen das Geld zusammengezogen, um in aber Tausend andere abzufließen. Müssen Ausgaben geleistet werden, bevor die entsprechenden Einnahmen einkamen, so können Kassendefizite entstehen; daher kann es auch in besten Finanzjahren nötig sein, zeitweilig kurzfristige Schatzwechsel zu begeben.

Die ungeheuren Beträge, die durch diese öffentlichen Kassen fließen, verlangen peinlich genaue Buchung, mag sie auch den Außenstehenden manchmal kleinlich erscheinen. Wenn aber eine Kasse um Pfennige nicht stimmt — wer will sagen, ob es sich um einen einzigen Fehler handelt oder um mehrere, die sich gegenseitig bis auf den fraglichen Pfennigrest aufheben?

4. Die Abrechnung.

Jeder Voranschlag greift in die Zukunft, ins Ungewisse. „Der Etat ist ein Monolog der wirtschaftlichen Staatspersönlichkeit, verbunden mit dem Vorsatz, sich in der betreffenden Periode nach dem Anschlag als nach der Norm der Wirtschaftsführung zu richten“ (Anschütz). Erst die Abrechnung gibt das wirkliche

Bild des Rechnungsjahres; vor allem aber zeigt sie, ob auch nach dem festgelegten Plane gearbeitet wurde.

Als Friedrich Wilhelm I. die unter seinem Vater üblichen Ausgaben auf ein Fünftel zusammengestrichen hatte — 1688 waren die Partikularetats der Provinzen zu einem Generalfinanzetat zusammengezogen worden — übertrug er einem persönlichen Freunde, dem Wirklichen Geheimen Rat von Creutz, die Aufgabe, sämtliche Rechnungen über Staatsgelder zu prüfen und alle außerplanmäßigen Ausgaben gegenzuzeichnen. Die so entstandene Oberrechnungskammer ist auch weiterhin nur dem Landesherrn unterstellt gewesen, nicht aber den von ihr zu kontrollierenden Ministern.

Der Finanzminister stellt auf Grund der Kassenabschlüsse alljährlich die „Übersicht über die gesamten Einnahmen und Ausgaben des Staates" auf und legt sie dem Landtage vor, damit dieser die darin nachgewiesenen Überschreitungen einzelner Fonds sowie die außerplanmäßigen Ausgaben, die unter keinem Titel bewilligt sind, nachträglich genehmige.

Alle Rechnungen des Staates und seiner Vermögensverwaltung werden sodann von den zuständigen Provinzialbehörden vorgeprüft und mit allen Belegen der Oberrechnungskammer übersandt. Diese hat neben der rechnerischen Richtigkeit festzustellen, ob die Ausgaben aus den betreffenden Etattiteln geleistet werden durften. Da sich aber alle Tätigkeit der Verwaltung in Ausgaben spiegelt, so wird gleichzeitig das gesamte Verwaltungswesen, neuerdings auch auf Zweckmäßigkeit, geprüft. Ebenso hat die Oberrechnungskammer die Rechnungen der ganz oder teilweise (durch Tragung des Fehlbetrages) aus Staatsmitteln unterhaltenen nichtstaatlichen Institute und Stiftungen durchzusehen.

Ihre Bedenken werden zunächst mit den beteiligten Behörden, die Rede und Antwort stehen müssen, besprochen. Was nicht befriedigend geklärt wird, findet in den Bemerkungen der „Allgemeinen Rechnung" seinen Niederschlag. Die Allgemeine Rechnung über den Haushalt des Jahres wird mit diesen Bemerkungen der Oberrechnungskammer wiederum dem Landtage vorgelegt, damit er dem Finanzminister Entlastung erteile.

Theoretisch mag es zutreffen, daß nur die vorherige Kontrolle unberechtigte Ausgaben verhindern kann. Tatsächlich aber hat in Preußen diese scharfe nachträgliche Arbeit der Oberrechnungskammer die beteiligten Beamten zu starkem Verantwortungsgefühl erzogen.

5. Vorjahrsreste.

Nicht immer kommen die Einnahmen in ihrem Etatsjahr ein; nicht immer können Ausgaben in ihrem Etatsjahr völlig geleistet werden. Anleiheausgaben, für welche Kredite bewilligt und aufgenommen sind, müssen oft jahrelang offengehalten werden, bis die betreffende Aufgabe erfüllt ist (Bauten, Moorkulturen u. ä.); aber auch einmalige Ausgaben (Erneuerungen u. ä.) werden nicht immer am Etatsjahresschluß aufgerechnet und bezahlt werden können. Im ersten Fall entstehen Wirtschaftsreste, im zweiten Kassenreste.

Derartige Reste erscheinen bei einzelnen Staaten als besondere Restverwaltung. Württemberg nennt sie „Ausstandskasse". Bayern gibt zu Anfang jeder Rechnungsnachweisung eine „Nachweisung der Ausgaben auf Rechnung der übertragenen Kredite der ordentlichen Budgets früherer Finanzperioden"; dort werden ausschließlich Reste von einmaligen Ausgaben aufgeführt und, wenn entbehrlich, durch Abschreibung getilgt.

Preußen weist Kredite nur in den jährlichen Abrechnungen, und zwar als außerplanmäßig aus, bis sie erschöpft oder anderweit gelöscht werden; die Reste seiner laufenden Verwaltung stehen seit den 60er Jahren als Ausgabereste neben den betreffenden Titeln, sofern es sich nicht um übertragbare Fonds handelt, ein Jahr lang offen. Beim Reich und bei den drei Mittelstaaten erscheinen auch die Anleiheausgaben im Etat („Außerordentlicher Haushalt"). Dort schleppen sich daher die offenen Kredite jahrelang fort und erschweren einen klaren Überblick. In Württemberg hatte sich in den 90er Jahren ein solcher Stamm von Resten — die man nicht mehr gebrauchen konnte oder wollte — aufgesammelt, daß durch Gesetz reiner Tisch gemacht werden mußte. Auch der Reichsetat leidet unter diesen mitgeschleppten Kreditresten, die naturgemäß auch im „Gesamtabschluß" (ordentliche plus außerordentliche Ausgaben) erscheinen. Daher kann das Reich dort theoretisch jeden Fehlbetrag wegbuchen, indem es einen entsprechenden Kredit in „Einnahme" stellt.

Ausgabereste (Kassenreste) müssen bestimmt geleistet werden: der Staat kann keine Zahlungen verweigern; Einnahmereste können ausbleiben: Zahlungsschwierigkeiten des Schuldners u. ä. Darum bezeichnet Preußen als Gesamtausgabe die Istausgabe plus die Ausgabereste (denn diese muß es leisten) minus die Reste aus dem Vorjahr (diese gehören etatmäßig ins Vorjahr), als Gesamteinnahme dagegen nur die Isteinnahme des Etatsjahres (denn über die ausstehenden Einnahmereste hat es keine Gewalt; sie werden verrechnet, wenn sie einkommen).

Ähnlich kann die Klarheit der Abrechnungen durch die Behandlung des Bestandes beeinträchtigt werden. Die vier Bundesstaaten übernehmen als „Bestand aus dem Vorjahr" nur Barfonds (Betriebskapital und Kassenbestände), das Reich übernimmt das Vorjahrsergebnis, so in 1917 — es schloß 1916 mit 11,5 Milliarden Defizit ab — einen negativen „Bestand" von 11,5 Milliarden.

6. Das preußische Vorbild.

Die preußische Finanzverwaltung hatte nie Zeit, zu erstarren und einzuschlafen. Dafür sorgten nicht nur die Hohenzollern, sondern auch das ständige Wachsen des preußischen Gebietes. In den neuen Provinzen sah man mit eigenen Augen fremde Verwaltungs- und Finanzsysteme: 1815 Rheinland, Westfalen (französische Verwaltungstechnik; ein Westfale wurde damals preußischer Finanzminister) und Nordsachsen; 1864 Schleswig-Holstein; 1866 Hannover und Hessen; in gewissem Sinne noch 1871 Elsaß-Lothringen und später die Kolonien.

So hat Brandenburg-Preußen alle finanziellen Aufgaben lösen müssen, die einem Staate — vom Kleinstaat bis zur Großmacht — gestellt werden konnten, Aufgaben, die durch die verschiedene Art der Bewohner erheblich erschwert wurden.

V. Finanzausgleich im Bundesstaat: Reich.

Vor der Völkerwanderung germanisch bis zur Weichsel, um 1000 slawisch bis zur Elbe, dann rückbesiedelt bis über die Oder, dabei im Innern unzählige Stämme mit unzähligen Fürsten: wie sollte in diesem Deutschland ohne natürliche Grenzen ein starkes Reich erwachsen?

Hatten sich bodenwüchsige Fürsten durchgesetzt, so zogen sie mit ihrer Macht über die Alpen, wurde Deutschlands Kaiserkrone doch in Rom vergeben. So erstarkten die Stammesfürsten, indem sie bald hier, bald dort

Rückhalt suchten und fanden. Österreich aber wuchs aus Deutschland heraus, so wenig für starke deutsche Staaten begeistert wie Frankreich, mit dem es um des ererbten Spaniens willen in Fehde lag.

Die Reformation zog in Deutschland neue Grenzen und schuf neue Gruppen. Der 30jährige Krieg hinterließ eine Einöde, französischen Plünderzügen eine bequeme Beute.

Da wurde aus Brandenburg Preußen, gegen den Willen aller Nachbarn und siebenjährigen Feinde. Gegen Preußen stellten sich im Rheinbund Napoleons deutsche Vasallen; gegen Preußen kämpfte der Wiener Kongreß (Preußen zerrissen); gegen Preußen kämpfte Österreich mit allen erlaubten und unerlaubten Mitteln (vgl. Bismarcks Berichte vom Frankfurter Bundestag).

Um Preußen zu beobachten, zog es 1864 mit bis zur Nordspitze Jütlands. Königgrätz aber schloß Österreich aus der deutschen Geschichte aus. So konnte aus dem Norddeutschen Bund ein Deutsches Reich erwachsen.

Der Weltkrieg zerbrach dem Deutschen Reiche sein preußisches Rückgrat. So stehen wir heute wieder im Anfang wie nach 1807.

Volkszahl:	1910	1921
Deutsches Reich	64,9 Mill. = 100 vH.	59,9 Mill. = 100 vH.
Frankreich	39,6 „ = 61 „	39,2 „ = 65 „
England, Schottland und Irland	45,2 „ = 70 „	47,0 „ = 78 „
Österreich	51,4 „ = 79 „	6,1 „ = 10 „
Ungarn		7,9 „ = 13 „
Vereinigte Staaten von Amerika	105,7 „ = 163 „	105,7 „ = 175 „
Japan	49,6 „ = 76 „	56,0 „ = 93 „

1. Das Reich ohne Geld.

Nach der Reichsverfassung von 1871 konnte das Reich theoretisch direkte wie indirekte Steuern in beliebigem Ausmaß heranziehen. Bismarck befürwortete ein System indirekter Reichssteuern, weil man diese weniger spüre. Im gleichen Sinne betonten die Bundesstaaten, daß ihnen mit den staatlichen Grundaufgaben (innere, Rechts- und Schulverwaltung) auch die direkten Hauptsteuern zufallen müßten. Auch ihre Finanzlage war vor der Erwerbung der Eisenbahnen keineswegs so rosig, daß sie ruhig und gelassen dem Reiche hätten abgeben können.

Bismarck hat seine ganze Kraft eingesetzt, um das Reich auch finanziell in den Sattel zu setzen. Sachliche (starke jährliche Zunahme der Reichsschuld) wie innen- und außenpolitische Gründe redeten immer wieder eine deutliche Sprache.

Das Tabakmonopol war in Frankreich eine gute Einnahmequelle: der Reichstag lehnte ab (1873, 1879, 1882). Bismarck trat mit aller Schärfe für Reichseisenbahnen ein: der Reichstag lehnte ab (1875); die Eisenbahnüberschüsse trugen fortan die Finanzen der Bundesstaaten. Er forderte ein Branntweinmonopol: der Reichstag lehnte ab (1886).

In immer kürzeren Zwischenräumen wurden Reichsfinanzreformpläne vorgelegt (1894, 1896, 1904, 1906, 1909): die Knickerei blieb Siegerin.

2. Die Matrikularbeiträge.

Auch das Deutsche Reich sollte nach Bismarcks Absicht wie alle anderen Bundesstaaten seine Gliedstaaten versorgen. Um über die erste Zeit hinwegzukommen, übernahm er als Notbehelf die Matrikularbeiträge, wie sie die verbündeten Staaten auch im Norddeutschen Bund hatten an den Bund liefern müssen.

Theoretisch konnte das Reich von den Gliedstaaten beliebige Beiträge einfordern, je nachdem seine Finanzlage sich anließ. „Das Reich kennt kein Defizit, es kennt nur höhere Matrikularbeiträge" (Bismarck). Diese unberechenbaren Nachschußzahlungen bewirkten, das die Etats der Bundesstaaten nie richtig waren, konnten doch die eingestellten Matrikularbeiträge sich erheblich verschieben.

Der Reichstag aber weigerte sich, die Matrikularbeiträge durch neue Steuern überflüssig zu machen. Er wollte die Regierung „kurzhalten" und sah in den Beiträgen die einzige jährlich neu zu bewilligende Einnahmequelle, die im Gegensatz zu den übrigen Steuern und Zöllen des Reichs entsprechend dem Bedarf festgesetzt werden konnte.

So beschloß er eine Klausel (Frankenstein 1879), nach der die Beiträge bis zu einer gewissen Summe gegen zu überweisende Steuererträge aufzurechnen waren. Dadurch wurde auch, wenngleich der Ertrag dieser Steuern stark schwankte, die Gefahr für die Bundesstaaten verkleinert. Der Reichstag aber hat diese Verkoppelung von Reichs- und Bundesstaatsfinanzen, eine beschämende Kinderkrankheit, bis 1918 erhalten.

Erreicht wurde dadurch vor allem eins: das Reich wartete auf die Finanzreform der Bundesstaaten, um durch die Matrikularbeiträge daran teilzunehmen; diese aber warteten auf die große Reichsfinanzreform, um durch Überweisungen daran teilzunehmen.

3. Die „Erzbergersche Reform".

Nicht Stein um Stein wurde das deutsche Finanzwesen umgebaut, sondern über Nacht völlig geändert: Reichssteuern statt Landessteuern, allein arbeitende Reichsbehörden statt Landesbehörden, die bisher mit der inneren Verwaltung und den Gemeinden Hand in Hand gearbeitet hatten. Verwaltungsverordnungen und neue Steuergesetze mußten geschaffen werden. Dazu dann die kaum zu bewältigenden Wirkungen der Geldentwertung auf die Steuertechnik. (Das Umsatzsteuergesetz wurde dreimal, die Sätze des Einkommensteuergesetzes fast 10 mal geändert). So potenzierten sich für eine neue Finanzverwaltung die Schwierigkeiten, welche neue Steuergesetze immer mit sich bringen. Und das alles unter den Augen eines gierenden Frankreichs.

Bisher hatten Reich und Bundesstaaten mit ihren eigenen Einnahmen auskommen müssen. Jetzt sammelt das Reich alle Steuern — die den Bundesstaaten belassenen rechnen nicht mehr — und verteilt sie. Da in beiden Fällen die gleichen Deutschen zahlen müssen, wird der Gesamtertrag immer von deren Steuerkraft abhängen. Alle Beteiligten aber haben ihren „Aufgabenkreis", d. h. die auf Kosten eben dieser Steuerzahler auszugebenden Gelder, erheblich erweitert.

Schon in normalen Zeiten brachten neue Steuern oft nur die Hälfte des veranschlagten Einganges. Wer aber will heute Steuern veranschlagen, wo alles schwankt, Staat wie Wirtschaft wie Währung? Wir werden die in den Reichsetat — und also auch in die Länderetats — eingesetzten Steueranschläge unten im einzelnen zu untersuchen haben.

Niemand wird die Vorteile einer zentralen Finanzverwaltung übersehen können. Wo aus dem Vollen geschöpft und verteilt werden kann, ist es weniger wichtig, ob Reich oder Bundesstaaten den Löffel halten; da mag man auch hoffen, einen erträglichen Verteilungsschlüssel zu finden.

Wo aber in einem bitterarmen Lande jede Verwaltung, in Reich, Ländern und Gemeinden, so sparsam wirtschaften muß, wie nur irgend möglich, da wird es vielleicht wieder nötig sein, den letzteren wesentliche Steuerquellen zu eigener Verwaltung zu überlassen, damit sie ihren Bedarf darauf einzustellen haben.

Zweiter Teil.

Die deutschen Staatsfinanzen von 1914 bis 1922.

Die Voranschläge für 1914 zeugen noch von dem wohlgesetzten Reichtum starker Staaten eines tüchtigen und steuerkräftigen Volkes.

Die Voranschläge für 1922 werden einstweilen die letzten sein, die noch mit einer einigermaßen stabilen Mark rechnen konnten; den Voranschlägen für 1923 reißt die zusammenschrumpfende Mark den Boden unter den Füßen fort.

So werden die Jahre 1914—1922 immer ein fester Abschnitt der deutschen Finanzgeschichte bleiben.

I. Die Finanzen der vier ehemaligen Königreiche nach den Voranschlägen für 1914 und 1922.

A. Preußen[1]).

Der Gesamtplan umfaßt die laufenden Ausgaben (Gehälter) und die einmaligen (Bauten). Die Kredite (im Durchschnitt der Jahre 1914—1920 nur 4,9 vH. der jeweiligen gesamten Istausgaben) erscheinen bei Preußen nur in der Übersicht. Überschußverwaltungen und Staatsverwaltungen sind getrennt.

1. Der Staatsbedarf in Mark. In 1914 standen bei der reinen Staatsverwaltung 1685 Mill. M. Ausgaben 793 Mill. M. Einnahmen (47 vH.) gegenüber, so daß 893 Millionen durch Überschüsse der Betriebsverwaltungen und Steuern zu decken waren.

Bis 1922 stiegen die Ausgaben der reinen Staatsverwaltung auf 14,1 Milliarden (8,3 fach), die Einnahmen dagegen nur auf 4,9 Milliarden (6,2 fach), der Zuschußbedarf auf 9,2 Milliarden (10,3 fach).

2. Der Staatsbedarf als Kopflast. Für jeden Preußen bedeuteten die 893 Millionen Staatsbedarf in 1914 22,24 M.; in

---

[1]) Wir öffnen Tafel 1.

1922 dagegen das 11,1 fache (247,40 M.). Nach Angaben des Statistischen Reichsamts waren die Einkommen der bestgestellten Arbeiterberufe bis August 1921, dem Stichmonate des Voranschlags 1922, ziemlich genau auf das 9 fache des Friedens gestiegen; der Durchschnitt der preußischen Steuerzahler dürfte also kaum das 9 fache verdient haben: der 11,1 fache Staatszuschußbedarf ist also um $^1/_4$ stärker gestiegen als die Einkommen.

3. Die Staatseinnahmen je Kopf. Von den 22,24 M., welche in 1914 der Staatsbedarf je Preuße erforderte, brachten die Betriebsverwaltungen 9,22 M. (41 vH.) — davon die Eisenbahn 6,07 M. —, so daß 13,02 M. oder 59 vH. durch Steuern zu decken waren. In 1922 wurde für die Betriebsverwaltungen ein Überschuß von 23,90 M. oder 10 vH. des Staatsbedarfs veranschlagt — davon 22 M. aus den Forsten —, so daß 223 M. oder 90 vH. aus Steuern zu decken waren. Während also die Überschüsse der Betriebsverwaltungen nur das 2,6 fache brachten, stieg die Kopflast, die auf den einzelnen Preußen in Form von Steuern anzusetzen ist, auf das 17,2 fache: bei 9 fachem Einkommen mußte er einen fast doppelt so großen Teil seines Einkommens abgeben wie in 1914.

B. Bayern[1]).

Der bayerische Etat scheidet ordentlichen und außerordentlichen Haushalt; in letzterem erscheinen die Anleiheausgaben.

1. Der bayerische Staatsbedarf in Mark. In 1914 erforderte er 246,2 Mill. M., davon 58 Mill. oder 24 vH. aus Betriebsverwaltungen und 188 Mill. oder 76 vH. aus steuerlichen Einnahmen (Preußen 49 vH.); in 1922 1762 Mill. (7,2 fach), davon 400 Mill. (6,7 fach) oder 22 vH. aus Betriebsüberschüssen — 378 Mill. aus der Forstverwaltung —, 1014 Mill. (5,5 fach) oder 58 vH. aus steuerlichen Einnahmen einschl. Reichsüberweisungen und 350 Mill. oder 20 vH. Fehlbetrag.

2. Der Staatsbedarf und Staatseinnahmen je Kopf. Je Bayer war in 1914 35,70 M. aufzubringen, also $1^1/_2$ mal soviel wie je Preuße; davon sollten die Betriebsverwaltungen 8,40 M. (5,10 M. aus der Staatsforstverwaltung) und die steuerlichen Ein-

---

[1]) Wir öffnen Tafel 2.

nahmen 27,30 M. decken. In 1922 betrug der Staatsbedarf 246,80 M. (7,0 fach); davon sollten 56,20 M. aus den Betriebsverwaltungen (6,7 fach) und 142 aus steuerlichen Einnahmen (5,3 fach) fließen, während 49,70 M. als Fehlbetrag veranschlagt wurden; hätte dieser aus steuerlichen Einnahmen aufgebracht werden müssen, so würden sie das 9,1 fache des Friedens ausmachen.

3. Staatsbedarf und Einkommen. Bayern hat, wie auch Sachsen, die Voranschläge für 1921 und 1922 gemeinsam aufgestellt; ihre Ziffern stimmen daher vielfach überein. Auch im Etat 1922 sind die einzelnen Verwaltungen nur mit den Gehältern vom Juli 1920 belastet; ihre Erhöhungen bis August 1921 erscheinen unter „Allgemeine Rücklage", während die der sächlichen Ausgaben nicht berücksichtigt zu sein scheinen. Welchen Stichmonat soll man hier wählen, wo die persönlichen Ausgaben auf den August 1921, die sächlichen dagegen auf den Juli 1920 abgestellt sind?

Würde man den August zugrunde legen, so wäre der 7 fache Staatsbedarf etwas weniger als die im August 1921 kaum 9 fachen Einkommen gestiegen, die aufzubringenden 9,1 fachen Steuerbeträge dagegen etwas stärker.

Daß der Staatsbedarf, also auch die Steuern für den August 1921, sehr niedrig veranschlagt erscheinen, bestätigt ein Vergleich der Kopfziffern in Bayern und Preußen. In 1914 war der bayerische Staatsbedarf von 35,70 M. je Bayer um 60 vH. größer als der preußische von 22,24 M. je Preuße, in 1922 dagegen — wenn man wohl ohne Bedenken den preußischen Bedarf nach dem Stande vom Juli-August 1921 dem bayerischen vom August (?) 1921 gegenüberstellt — etwas kleiner: 246,80 M. in Bayern und 247,40 M. in Preußen[1]).

[1]) Die Provinzialausgaben wurden und werden in den übrigen Bundesstaaten z. T. von Staatswegen unmittelbar geleistet, in Preußen dagegen von den Provinzen — die Rheinprovinz hatte in 1910 mehr und in 1921 fast ebensoviele Einwohner wie ganz Bayern —; sie dürften aber die preußische Kopflast kaum wesentlich vergrößern, da der Haupteinnahmeposten der preußischen Provinzialverwaltungen, die Überweisungen des Staates, bereits im gesamten Staatsbedarf enthalten sind. Die Steigerungsziffern lassen sich naturgemäß trotzdem vergleichen.

C. Sachsen[1]).

Im sächsischen Etat erscheinen ordentlicher Haushalt und außerordentlicher Haushalt (Anleiheausgaben). Wie Bayern arbeitete auch Sachsen bis 1919 mit zweijährigen Finanzperioden, seither mit einjährigen.

1. Der sächsische Staatsbedarf in Mark. In 1914 wurde er auf 119,2 Mill. veranschlagt; davon sollten die „Nutzungen des Staatsvermögens und der Staatsanstalten" — 28 Mill. oder 23 vH. und die steuerlichen Einnahmen 92 Mill. oder 77 vH. bringen. Für 1922 wurde er auf 1602 Mill. (13,5fach) veranschlagt; davon 118 Mill. oder 8 vH. aus den Betriebsverwaltungen und 1485 Mill. oder 92 vH. aus Steuern und Abgaben einschließlich Reichsüberweisungen.

2. Der Staatsbedarf als Kopflast. Je Sachse bedeutete er in 1914 24,80 M., in 1922 343 M., also das 13,9fache. Für den Voranschlag 1922 dürfte wie bei Preußen der Juli-August 1921 zu wählen sein, also ein etwa 9faches Friedenseinkommen der Steuerzahler. Die sächsische Verwaltung erfordert also in 1922 von jedem Sachsen einen 1½mal so großen Teil seines Einkommens wie in 1914.

In 1914 waren preußischer (22,24 M. je Preuße) und sächsischer (24,80 M. je Sachse) Staatsbedarf fast gleich, in 1922 dagegen der sächsische (343 M.) fast 1½mal so groß wie der preußische (247,40 M.).

3. Die Staatseinnahmen je Kopf. Die Betriebsverwaltungen brachten in 1914 5,72 M. je Sachse — davon 2,02 M. aus der Eisenbahn —, die Steuern und Abgaben dagegen 19,8 M. Bis 1922 stieg der Überschuß der Betriebsverwaltungen auf das 4,5fache (26 M. je Sachse); die steuerlichen Einnahmen mußten darum das 16,7fache bringen (317,90 M. je Sachse): bei 9fachem Einkommen also fast die doppelte Steuerlast wie in 1914.

D. Württemberg[2]).

Württemberg stellt seinen Staatsbedarf voran und zieht davon zuerst den Ertrag des Kammergutes ab, um so die durch Steuern aufzubringenden Summen zu ermitteln.

[1]) Wir öffnen Tafel 3.
[2]) Wir öffnen Tafel 4.

1. Der württembergische Staatsbedarf in Mark. In 1914 war er auf 121,7 Mill., für 1922 auf 2042 Mill. (16,8fach) veranschlagt. Da in 1914 die Eisenbahnschuld nicht wie bei den anderen Bundesstaaten den Eisenbahnetat belastete, sondern als Staatsbedarf verzinst wurde, so müßte man ihren Zinsenbetrag in 1914 vom Staatsbedarf absetzen: Steigerung dann 21,9fach.

2. Der Staatsbedarf als Kopflast. Je Württemberger war in 1914 50 M. (also über doppelt so groß wie der preußische je Preuße), in 1922 809 M. (16,2fach) aufzubringen. Würde man in der oben bezeichneten Art den Zinsendienst für 1914 absetzen, so erforderte die reine Staatsverwaltung damals 38,30 M., Steigerung also 21,2fach. Trotzdem der württembergische Staatshaushalt 1922 ziemlich spät aufgestellt wurde (er umfaßt die Oktobergehälter) scheint der 21fache Staatsbedarf doch gegenüber dem Einkommen der Steuerzahler — im Oktober etwa 11fach — ziemlich stark gestiegen.

3. Die Staatseinnahmen je Kopf. In 1914 deckte der Ertrag des Kammerguts von den benötigten 50 M. je Württemberger 20,30 M., so daß 29,80 M. zu decken blieben. Die Eisenbahn brachte 10,40 M. je Kopf; hätte man sie mit ihrem Schuldendienst (etwa 12 M. je Kopf) belastet, so hätte sich gezeigt, daß die württembergischen Eisenbahnen auch im Frieden Zuschußverwaltungen waren (etwa 2 M. Zuschuß je Kopf erforderlich). Der Grund dazu dürfte in den im bergigen Württemberg sehr hohen Eisenbahnbaukosten liegen. Außerdem fuhren in Württemberg 90 vH. aller Reisenden IV. Klasse.

In 1922 brachte von den erforderlichen 809 M. das Kammergut statt 20 M. 167 M. (8,2fach), während die Steuern und Abgaben einschließlich Reichsüberweisungen von 29,70 M. auf 336 M. (11,3fach) gesteigert werden mußten. Der Voranschlag 1922 schließt mit einem Fehlbetrag von 773 Mill. oder 306 M. je Württemberger; müßte er aus steuerlichen Einnahmen gedeckt werden, so würden diese etwa verdoppelt werden müssen (21fach). Daß von einer schlechten Finanzlage in dem waldreichen Württemberg nicht gesprochen werden kann, braucht kaum erwähnt zu werden.

Gesamtbild der bundesstaatlichen Finanzen von 1914 bis 1922.

Bis 1919 bieten die vier früheren Königreiche fast das gleiche finanzielle Bild: der immer stärker wachsende Fehlbetrag entsteht nicht aus übergroßen Verwaltungsausgaben, sondern durch die Eisenbahnverwaltung.

Die Staatseisenbahnen, seit den 80er Jahren das finanzielle Rückgrat der Bundesstaaten (in den letzten Vorkriegsjahren machte der preußische Eisenbahnüberschuß von 220 bis 240 Millionen ein volles Drittel des gesamten preußischen Reinertrages an Betriebsüberschüssen und steuerlichen Einnahmen aus), werden in den ersten Kriegsjahren noch durch Zuschüsse aus ihren Reservefonds gehalten, sinken aber dann rettungslos ins Defizit: in Preußen frißt der Eisenbahnfehlbetrag in den Jahren 1918 und 1919 den gesamten Reinertrag (steuerliche Einnahmen plus Überschüsse der anderen Betriebsverwaltungen) $1\frac{1}{2}$ und $1\frac{2}{3}$ mal auf, da die Einnahmen der Eisenbahnverwaltung nur $\frac{2}{3}$ der Ausgaben deckten. (Vgl. die entsprechende Zunahme der preußischen Schuld in Tafel 4.)

Die Domänen, einst der Grundstock des Kammergutes, waren vor dem Kriege gegenüber den Eisenbahnerträgen mehr und mehr zurückgetreten; heute wandert der Ertrag infolge überalterter Pachtverträge nur zum Teil in die Kassen des Staates.

Die Forsten spielen vor allem in Bayern und Württemberg eine erhebliche Rolle. Dort ist $\frac{1}{3}$ des Staatsgebietes Wald, von dem wiederum $\frac{1}{3}$ dem Staate gehört. So brachten die Forsten dort vor dem Kriege über doppelt so viel je Einwohner wie in Preußen.

Die Bergwerksverwaltungen leiden überall unter den mannigfachen Schwierigkeiten der sozialpolitischen Gesetzgebung und anderer Momente.

Lotterie und Staatsbank, die letzteren infolge vorsichtiger Bilanzierung, bringen nicht wesentlich mehr als früher.

Da die Steuern im Kriege den Mehrbedarf nicht deckten, haben die Bundesstaaten ihre Schulden erheblich vermehren müssen, bis ihnen 1920 das Reich Eisenbahnen, Schulden und Steuerhoheit abnahm.

II. Die Reichsfinanzen in 1914 und 1922[1]).

Das Deutsche Reich umfaßte in 1914 etwa 67,8, in 1922 aber nur 59,9 Mill. Einwohner. Diese sollen den Reichshaushalt tragen. Wir werden daher bei dem Vergleich der Voranschläge von 1914 und 1922 weniger die wirbelnden Milliarden als die Kopflast betrachten, welche die einzelnen Summen bedeuten.

Der Voranschlag für 1922 ist im September 1921 aufgestellt, also bei einer etwa 17fachen Teuerung, während stark gestiegene Arbeiterberufe damals kaum das 10fache des Friedens verdienten. Trotzdem werden wir weiterhin mit einem auf das 10fache gestiegenen deutschen Durchschnittseinkommen rechnen.

In der anliegenden Tafel[1]) der Reichsfinanzen wurden die 17 Verwaltungszweige, welche der Reichshaushalt schematisch hintereinander aufführt, in scharf zu scheidende Gruppen aufgeteilt: engere Reichsverwaltung, Finanzverwaltung, Betriebsverwaltungen, Reichsschuld, und schließlich Krieg und Tribute. Da sich diese Gruppen in ihrer Bedeutung gegeneinander völlig verschoben haben, werden wir sie zunächst einzeln betrachten und dabei vor allem die Kopflast je Deutschen berücksichtigen (vgl. die drei ersten Spalten von rechts).

A. Allgemeine Reichsverwaltung.

Sie erforderte in 1914 einen Zuschuß von 29,09 M. je Deutscher; daran waren Reichsheer und Marine mit 85 vH. und die Pensionen mit 7,5 vH. beteiligt; der Rest entfiel auf die übrigen Gruppen. In 1922 erforderte die Reichsverwaltung 560 M. je Deutschen oder das 20fache; der Zuschußbedarf der Reichswehr schrumpfte von 85 auf 13 vH., der der inneren Verwaltung aber wuchs von 5 auf 38 vH., die Pensionen von 7,5 auf 47 vH. Während früher der Schutz des Vaterlandes die Hauptaufgabe des Reiches war, ist an dessen Stelle die innere Verwaltung getreten (in 1914 1,43 M. und in 1922 213 M. oder das · 150fache). Sie allein erfordert einen Kopfbetrag, der 87 vH. des gesamten Zuschußbedarfs der preußischen Staatsverwaltung nach dem Voranschlag für 1922 entspricht. Ähnlich scharf sind die Pensionen gestiegen: von 2,14 auf 265 M. (125fach) oder 108 vH. des preußischen Zuschußbedarfs für 1922.

---

[1]) Wir öffnen Tafel 5.

Die Reichsverwaltung erfordert also ohne Schuldendienst und Tribute bei 10fachem deutschen Einkommen den 20fachen Zuschuß, also von jedem Deutschen den doppelten Einkommensteil.

B. Finanzverwaltung.

Bis 1918 lagen die direkten Steuern in der Hand der Bundesstaaten, während das Reich auf Zölle und indirekte Steuern angewiesen war. Wir werden die Steuerlast im einzelnen noch zu prüfen haben.

Der endgültige Überschuß der Finanzverwaltung sollte nach Abzug der Überweisungen 73 Milliarden oder 1230 M. je Deutschen betragen, also 5,3 mal soviel, als für den gesamten Zuschußbedarf der preußischen Verwaltung für 1922 veranschlagt war.

C. Betriebsverwaltungen.

Sie sollten in 1914 1,10 M. je Deutschen bringen, in 1922 dagegen 384 M. kosten, d. h. $1^1/_9$ mal soviel als die gesamte preußische Staatsverwaltung zur gleichen Zeit je Preuße Zuschuß erforderte.

Von dem Überschuß brachte in 1914 die Reichspost $^9/_{10}$; die damalige Reichseisenbahnverwaltung umfaßte nur die elsaß-lothringischen Bahnen. An dem Zuschußbedarf von 1922 sollten die Eisenbahnen mit 290 M. und die Post mit 42,40 M. beteiligt sein; die Eisenbahn erforderte also, wenn man sie wiederum mit Preußen vergleicht, je Kopf um ein Viertel mehr als die preußische Verwaltung.

D. Reichsschuld.

Der Schuldendienst stieg von 2,03 M. in 1914 auf 423 M. nach dem Voranschlag für 1922 (208 fach): das Reich muß also für seinen Schuldendienst je Deutschen fast doppelt soviel ausgeben, als der gesamte preußische Verwaltungsapparat zur gleichen Zeit je Preuße kosten sollte. Wohin fließen diese ungeheuren Summen? Die schwebende Schuld des Reiches stand am Ende des Jahres 1922 auf 6600 Milliarden, demgegenüber die 80 Milliarden fester Schuld keine Rolle mehr spielen. Von der schwebenden Schuld war zu Anfang des Jahres 1921 noch die Hälfte im freien Markt untergebracht; heute hält die Reichsbank über 80 vH.: es fließen also auch 80 vH. der Zinsen für die schwebende Schuld in die Kassen der Reichsbank. Sie bezahlt davon die neuen Noten. Ihr Geschäftsgewinn kommt dem Reiche wiederum zugute. Nach dem Etat 1922 aber ergibt sich zunächst, daß etwa 20 Milliarden oder 330 M. je Deutschen, also das $1^1/_3$fache des gesamten preußischen Zuschußbedarfs je Preuße oder der gleiche Betrag, den die Reichspost für 1922 als gesamte Einnahmen veranschlagte, der Reichsbank zufällt.

E. Krieg und Tribute.

In den vier Jahren 1914 bis 1918 hat das Reich insgesamt 142 Milliarden M. für Zwecke des Krieges verausgabt, im Jahresdurchschnitt also 35 Milliarden M. oder das 18 fache dessen, was in 1913 an Reichssteuern und Zöllen (1,96 Milliarden M.) aufgekommen war. Hiervon hatten die im Kriege fast völlig ausfallenden Zölle 891 Millionen M. oder 45 vH. gebracht, die Verbrauchssteuern aber ließen sich entsprechend steigern. Aus Steuern konnten solche Beträge darum nicht gedeckt werden. Es war daher tatsächlich der einzige Weg, den Heeresetat, der schon vor dem Kriege 80 vH. des Gesamtzuschusses des Reichs erfordert hatte, auf den außerordentlichen Haushalt zu schieben, d. h. auf Anleihen zu verweisen.

Vergleicht man die Isteinnahmen der Reichsfinanzverwaltung mit den Ausgaben „aus Anlaß des Krieges“, so deckten sie (vgl. Tafel 1 Fußnote 3.)

in 1914	33	vH.
„ 1915	7,4	„
„ 1916	8,3	„
„ 1917	18	„
„ 1918	22	„

Nach Abzug der Ausgaben der Reichsfinanzverwaltung genügten aber ihre Überschüsse kaum für den Bedarf der Zivilverwaltung.

Für Krieg und Tribute wurden in 1922 3510 M. je Deutschen veranschlagt, also 15 mal soviel wie für die gesammte preußische Verwaltung oder dreimal soviel, als die außerordentlich stark angezogenen und hoch veranschlagten steuerlichen Einnahmequellen bringen sollten und konnten. Bedenkt man, daß die Leistungen aus dem Friedensvertrag nur zum Teil im Etat 1922 erschienen, ja daß sie als niedrig veranschlagt bezeichnet werden müssen, so zeigen diese 3500 M., die bei 10 fachem Einkommen 350 M. im Frieden entsprochen hätten, was Versailles an laufenden Tributen von uns erwartet.

Gesamtabschluß.

Für 1922 wurden die gesamten Ausgaben des Reiches auf 458 Milliarden oder das 131 fache von 1914 veranschlagt. Was bedeuten diese Abschlußziffern?

Mit dem Volkseinkommen lassen sie sich nur schwer vergleichen: über seine Größe besteht kaum für 1914 Einigkeit, geschweige denn über die Größe des deutschen Volkseinkommens auf Grund der Oktoberverhältnisse des Jahres 1921. Wir vergleichen diese Ziffern darum mit den Einkommenssätzen einer Berufsgruppe, der gelernten Arbeiter.

Für 1914 hätte das Reich mit den veranschlagten 3,5 Milliarden Gesamtausgaben 2,3 Mill. gelernte Arbeiter ein Jahr lang mit dem damaligen Jahreslohn von 1900 M. entlohnen können, also etwa $^1/_{30}$ der deutschen Bevölkerung.

In 1922 hätte es mit den veranschlagten 458 Milliarden 14 Mill. gelernte Arbeiter ein Jahr lang mit je 32300 M. (Oktobertarif 1921) entlohnen können, also über $^1/_5$ der deutschen Bevölkerung. Einmal waren die Reichseisenbahn wie die Länder und Gemeinden in den Ausgabenbereich des Reiches getreten; von diesen 14 Millionen Jahreslöhnen aber sollten andrerseits 8 Millionen auf Kosten der deutschen Steuerzahler für Versailler Tribute aufgebracht werden.

Im einzelnen stiegen die Ausgaben der Reichsverwaltung von 1,0 Mill. Arbeiterlöhnen auf 1,3 Mill. Arbeiterlöhne in 1922, trotzdem Heer und Marine auf $^1/_9$ herabgesetzt sind: Armenunterstützungen und Pensionen sind auch Kriegsfolgen.

Die Finanzverwaltung brauchte statt 1,1 Mill. Arbeiterjahreslöhnen in 1914 2,5 Mill. in 1922, also $^1/_4$ des Arbeitseinkommens der in Deutschland in Industrie, Bergbau und Baugewerbe beschäftigten Personen.

Rechnet man die veranschlagten steuerlichen Einnahmen in Korn um, so ergibt sich, daß wir in 1922 als bitterarmes Volk um $^1/_3$ mehr Korn aufbringen mußten als in 1914: Auch hier spiegelt sich Versailles.

III. Die Richtlinien der deutschen Finanzentwicklung.

Der Staatsbedarf der Bundesstaaten hat, wie wir sahen, im großen und ganzen mit dem Einkommen des Steuerzahlers Schritt gehalten, wenn auch infolge des Ausfalls der Eisenbahnüberschüsse die steuerlichen Einnahmen verdoppelt werden mußten. Verfolgt man ihren Staatsbedarf im einzelnen, so zeigt sich, daß überall das geistliche und Schulwesen einen erheblichen Anteil ausmacht: bei Preußen 1914 etwa $^1/_3$ des Staatsbedarfs. In den letzten Jahren traten bei Preußen daneben vor allem die innere Verwaltung (Schutzpolizei) und das Finanzministerium, auf dem große Sammelfonds, die für sämtliche Staatsverwaltungen vorgesehen waren, angelegt werden mußten, hervor, während der Schuldendienst hier wie überall zurücktrat. Im ganzen haben die Länder ihren Aufgaben- und Ausgabenkreis, soweit die Etats erkennen lassen, nicht wesentlich geändert. Betrachtet man allerdings die Anleiheausgaben, die bei Bayern, Sachsen und Württemberg im außerordentlichen Haushalt erscheinen (vgl. Tabellen), bei Preußen aber nicht aufgenommen sind, im einzelnen, so zeigt sich, daß die „sozialen Ausgaben" vornehmlich auf Grund von Krediten geleistet werden.

Während bei den Bundesstaaten die Ziffern von Einnahmen und Ausgaben und Zuschuß nur selten stärker gestiegen sind als die je nach dem Stichmonat 8- bis 10fachen Einkommen der Steuerzahler (vgl. dazu auf ihren Tabellen die 3. bis 6. Spalte von rechts), finden wir in den entsprechenden Spalten des Reichshaushalts (3. bis 6. von rechts) durchweg erheblich höhere Steigerungsziffern, und zwar gerade bei großen Beträgen: Innere Verwaltung, z. B. 20fache Einnahmen, 108fache Ausgaben und 133facher Zuschußbedarf. Auch hier steigen die Ausgaben schneller als die Einnahmen, darum wächst der Zuschußbedarf am stärksten.

An diesem tributkranken Reichshaushalt hängen die Finanzen der Länder und Gemeinden. Das Reich nahm ihnen die Steuerhoheit, weil es glaubte, sie versorgen zu können. So können alle nicht leben und nicht sterben.

Die Ziffern der Voranschläge für 1922 zeigen aber auch, wie die staatlichen Aufgaben sich auswuchsen, jedenfalls über unsere steuerliche Leistungsfähigkeit hinaus. Solange Frankreich den

Fuß auf unserem Nacken hat, werden wir kaum durch Zuschüsse aus der Reichskrippe die Aufgaben erfüllen können, die manch einem wünschenswert erscheinen. Wir mußten auch vor dem Kriege Schritt für Schritt gehen.

Soll das deutsche Finanzwesen gesunden, so müssen darum neben dem Reich auch Länder und Gemeinden Aufgaben und Ausgaben abbauen. Das Nebeneinanderregieren von Reich, Ländern und Gemeinden, einst durch die Staatsformen Bismarckischer Kunst meisterlich geregelt, kostet im neuen Deutschland zu viel. Auch das Zentralisieren hat Grenzen. Hier wird man klarere staatsrechtliche Formen finden müssen.

IV. Die Belastung des deutschen Bürgers nach den Voranschlägen für 1914 und 1922.

Der Staatsbedarf, als die in jedem Etat entscheidende Zahl, gibt zwar den durch Betriebsüberschüsse und Steuern zu dekkenden Betrag an, nicht aber die steuerliche Leistung des einzelnen Bürgers. Diese fließt in Deutschland in die Kassen sowohl des Reiches wie der Länder wie auch der Kreise und Gemeinden. Um diese Fragen zu klären, machen wir einem Berliner Bürger sein Kontokorrent mit den deutschen Verwaltungsbehörden auf (vgl. Tafel 6).

Bisher haben wir die Nettozahlen der Etats betrachtet, d. h. den Zuschußbedarf der Hoheitsverwaltung (Ausgaben minus eigene Einnahmen) oder die verfügbaren Überschüsse der Überschußverwaltungen (Einnahmen minus eigene Ausgaben). Für das Kontokorrent rechnen wir die Bruttoeinnahmen und -ausgaben um, indem wir sie für Reich, Preußen und Berlin durch die jeweiligen Einwohnerzahlen dividieren (Provinzial- und Kreisverwaltung fallen in Berlin mit der Stadtverwaltung zusammen).

Die Voranschläge für 1922 wurden in Reich, Preußen und Berlin etwa im Juli bis Oktober 1921 aufgestellt. Wir werden also eine etwa 17fache innerdeutsche Teurung und kaum achtfach gestiegene deutsche Einkommen annehmen können. Zu einem leichteren Vergleich mit den Steigerungszahlen lassen wir unsern Herrn Jedermann, der in 1914 4000 M. verdient haben möge, in den Stichmonaten der Voranschläge für 1922 das Zehnfache verdienen, also 40 000 M. (nach den Oktoberkursen 68 Pfund Sterling oder 260 Dollar).

1. Herr Jedermann und die Reichsverwaltung.

Wir dividieren die für 1914 und 1922 veranschlagten Einnahmen und Ausgaben nach der Tafel der Reichsfinanzen um.

A. Für die allgemeine Reichsverwaltung selbst sollten im Interesse des Herrn Jedermann für 1914 29,80 M. und für 1922 580 M. ausgegeben werden.

In 1914 rechnete man ihm für Heer und Marine 24,10 M. an oder 80 vH. der gesamten Ausgaben, während Pensionen usw. nur kleine Beträge erforderten.

In 1922 entfallen von den 580 M. nur 79 M. oder 14 vH. auf den Schutz des deutschen Vaterlandes, während die Kriegsfolgen sich in den Pensionen (264 M. oder das 130fache von 1914) und einem erheblichen Teil der inneren Ausgaben (222 M. oder das 120fache von 1914) spiegeln.

Wenn also die Ausgaben und auch der Zuschußbedarf der Reichsverwaltung auf das 20fache stiegen, mithin doppelt so stark wie sein zehnfaches Einkommen, so wird Herr Jedermann dagegen nicht viel sagen können.

B. Die Finanzverwaltung erwartete von ihm in 1914 33,00 M. und in 1922 1853 M., also 56mal so viel. Die in 1922 entschiedenen Hauptsteuern waren in 1914 noch nicht als Reichssteuern vorhanden: Reichseinkommensteuer 417 M., Kohlensteuer 367 M. und Umsatzsteuer 334 M.: er sollte also den Betrag der Einkommensteuer (417 M.) als Kohlen- und Umsatzsteuer fast noch zweimal aufbringen.

C. Die Betriebsverwaltungen wollten von Herrn Jedermann in 1914 insgesamt 15,60 M. vereinnahmen, um 1,10 M. an ihm zu verdienen. Für 1922 werden wir sie noch untersuchen.

D. Die Reichsschuldenverwaltung mußte für Herrn Jedermann in 1914 3,70 M. ausgeben; davon waren 1,40 M. durch verschiedene Einnahmen gedeckt, während er 0,30 M. als Anleihe zeichnen sollte.

In 1922 kostete ihm der Schuldendienst — auch eine Folge von Krieg und Tributen — 542 M.; den Zuschußbedarf von 423 M. (210fache) sollte er durch Steuern decken.

E. An Tributen waren für ihn 3510 M. fällig; die 24,10 M., die in 1914 Heer und Marine kosteten, drückten etwas weniger.

2. Herr Jedermann und die preußische Verwaltung.

Während das Reich in 1914 im Kontokorrent mit Herrn Jedermann mit 51,40 M, Einnahmen und Ausgaben abschloß, erwartete Preußen 120,70 M. Einnahmen, um sie in seinem Interesse zu verausgaben. Davon aber entfielen über 50 vH. auf Einnahmen und Ausgaben der Eisenbahnverwaltung. Die Schlußziffern lassen sich also mit denen des Reiches nicht vergleichen.

Für 1922 sollte Preußen 380 M. (9,1 fach) für Herrn Jedermann bewilligen.

Staatsverwaltung.

Für den Zinsendienst waren in 1914 im Interesse des Herrn Jedermann 11,30 M. auszugeben, wovon aber 8,70 M. als Eisenbahnschuldzinsen von dieser ersetzt wurden, so daß nur 2,60 M. übrig blieben. Die Hauptausgabebeträge galten in 1914 dem geistlichen und Schulwesen (7,50 M.), der Justizverwaltung (5,50 M. minus 3,40 M. eigene Einnahmen [Herr Jedermann mußte also für 3,40 M. prozessieren oder sonstwie mit den Gerichten zahlenderweise in Fühlung kommen]) und der inneren Verwaltung; von dieser erscheinen Ministerium und landrätliche Behörden auf dem Etat der inneren Verwaltung (3,90 M. in 1914), Oberpräsidenten und Regierungspräsidenten mit ihren Behörden auf dem der Finanzverwaltung (2,80 M.).

Bis 1922 verschiebt sich das Bild: Die innere Verwaltung tritt mit ihren durch Übernahme der Schutzpolizei wie der sozialen Ausgaben 22fach gestiegenen Ausgaben (85 M.) an die erste Stelle. Es folgt die Kultusverwaltung mit 72 M. (10fach) und das Finanzministerium, auf dem die Teuerungsfonds eingestellt wurden, mit 59 M. (20fach), während die Justiz mit 8,6-fachen Ausgaben (47 M.) und die Schuldenverwaltung infolge Übernahme der Eisenbahnschulden durch das Reich mit dem 0,6-fachen (7 M.) auskommen wollten.

So entfallen in 1922 auf Herrn Jedermann 380 M. (9,1 fach) Ausgaben für die preußische Verwaltung; da aber die Verwaltungseinnahmen sich nur versiebenfacht haben, stieg der von ihm zu deckende Staatsbedarf auf das 11,1 fache.

Überschußverwaltungen.

Die Betriebsverwaltungen wollten von Herrn Jedermann in 1914 85,90 M. vereinnahmen (davon Eisenbahn 67,00 M.), um 9,20 M. an ihm zu verdienen (davon Eisenbahn 6,00 M.). In 1922 waren die Eisenbahnen auf das Reich übergegangen; die restlichen Betriebsverwaltungen konnten daher an Herrn Jedermann bei kaum doppelten Einnahmen (142 M.) nur noch 24 M. oder das 2,6fache von 1914 verdienen.

An preußischen Steuern und Abgaben sollte Herr Jedermann in 1914 15,10 M. zahlen, also halb soviel wie an das Reich (33,00 M.), in 1922 dagegen 515 M. oder das 34fache. Da hier die Überweisungen eine entscheidende Rolle spielen, werden wir diese Zahlen erst im Gesamtbild auswerten können.

3. Herr Jedermann und die Berliner Stadtverwaltung.

Der Berliner Etat galt in 1914 für 2,07 Mill., in 1922 dagegen umfaßte Großberlin 4,02 Mill. Einwohner.

In 1914 wollte Berlin für reine Verwaltungszwecke im Interesse des Herrn Jedermann 99,20 M. ausgeben, also doppelt soviel wie Preußen (41,90 M.) und dreimal soviel wie das Reich (29,80 M.). Unter diesen Ausgaben standen an erster Stelle die für Unterricht (22,50 M., also der dreifache Betrag der preußischen Kultusverwaltung). Die „Allgemeinen Verwaltungskosten" Berlins (11,10 M.) entsprachen dem Kopfbetrag der preußischen Einkommensteuer; die gleichen Beträge wurden Herrn Jedermann für Gesundheitspflege und Armenwesen angeschrieben. Der Berliner Zinsendienst bedeutete für ihn 18,90 M. oder ³/₄ seiner Ausgaben für das Reichsheer. Straßenreinigung und Straßenbeleuchtung sollten ihm 5,40 M. kosten; ebensoviel gedachte die preußische Justizverwaltung für ihn zu verausgaben.

Der Großberliner Etat für 1922 hat den dreifachen Umfang dessen für 1914 und entspricht dem Berliner Adreßbuch. Die Zentralverwaltung und die 20 Bezirke etatisieren getrennt. Wir zogen die betreffenden Kapitelnummern zusammen.

In 1922 wollte Großberlin 1825 M. für Herrn Jedermann ausgeben, also 19mal soviel wie in 1914. Da der Berliner Voranschlag 1922 im Mai 1921 ausgestellt wurde (Maigehälter), ist die Steigerung wesentlich schärfer als sein damals kaum zehnfaches Einkommen, das er für Reich und Preußen zugrunde legen konnte.

Während ihm in 1914 als Hauptposten für Unterricht 22,50 M. angerechnet wurden, sind für 1922 dafür das 8,4 fache (189 M.) veranschlagt; die Verwaltungskosten setzten sich mit 273 M. (25 fach oder $^2/_3$ der gesamten preußischen Verwaltungsausgaben) an erste Stelle; an zweiter Stelle steht die Wohlfahrtspflege mit 207 M. (20 fach).

Von den steuerlichen Einnahmen — auf die Betriebsverwaltungen wird noch einzugehen sein — sollte die städtische Einkommensteuer, die mit 21,70 M. in 1914 das Dreifache der Gewerbesteuer ausmachte, in 1922 nur $^2/_3$ der Gewerbesteuer (in 1922 63 fach!) betragen: Herr Jedermann weiß aus seinem eigenen Betriebe, was die Gewerbesteuer für ihn bedeutet.

4. Gesamtbild.

a) Verwaltungskosten. Für Verwaltung und Schuldendienst wollte die Reichsregierung in 1914 33,50 M., die preußische 41,90 M. und die Berliner 99,20 verausgaben; zusammen also 174,60 M.

Davon war ein Teil durch Verwaltungseinnahmen (Gebühren usw.) gedeckt, so daß für Herrn Jedermann 110,00 M. als ungedeckter Verwaltungsbedarf übrig blieb.

Für 1922 kostete ihn die Reichsverwaltung ohne Tribute 580 M. (20 fach), der Reichsschuldendienst 542 M. (150 fach), die preußische Verwaltung 380 M. (9,1 fach) und die Berliner 1825 (19 fach); zusammen 3327 M. Setzt man hiervon die Verwaltungseinnahmen ab, so ergibt sich, daß seine eigene verwaltungsmäßige Betreuung Herrn Jedermann für 1922 2226 M. (20 fach) kosten sollte, demnach doppelt so stark gestiegen war wie sein Einkommen.

Selbst wenn man meint, daß vielleicht da und dort etwas gespart werden könnte, an den entscheidenden Ziffern (Armenunterstützung oder — wie man sie freundlicher nennt — soziale Ausgaben) wird in unserm armen Vaterlande sich kaum viel sparen lassen.

b) Die Erträge der Betriebsverwaltungen. Eisenbahn: In 1914 sollte Herr Jedermann die Eisenbahn für 69,40 M. benutzen, indem er z. B. zahlenderweise dritter Klasse 944 km reiste (zweimal von Berlin nach Hamburg und zurück); denn die preußische Eisenbahn wollte 6 M. an ihm verdienen.

Für 1922 sollte er 1685 M. der Reichseisenbahn zugute kommen lassen oder vielmehr, da sie 1964 M. für ihn verausgaben wollte, eigentlich diesen Betrag. Die Reichsbahn wollte ihm aber 290 M. schenken, d. h. er sollte dafür mehr Steuern zahlen (290 M. sind etwas weniger als Herrn Jedermanns Umsatzsteueranteil von 334 M. für 1922).

Wie er die 1685 M., welche die Reichsbahn unmittelbar von ihm verlangte, ihr zukommen ließ, stand ihm frei. Er konnte entweder dreimal von Berlin nach Hamburg fahren, oder aber, da die Frachttarife — das Frachtgeschäft bringt immer die eigentlichen Erträge —, wesentlich stärker angezogen waren, sich ihrer entsprechend bedienen.

Die Reichspost erwartete von ihm in 1914 13 M., davon sollten 90 Pfennige Verdienst sein. Für 1922 sollte ihr der arme Herr Jedermann 350 M. abliefern (27fach), denn die Postverwaltung wollte 392 M. (32fach) für ihn ausgeben; dabei schenkte sie ihm, ähnlich wie ihre Schwester, die Reichsbahn, 42 M., die er durch Steuern decken sollte (an Branntwein- und Biersteuer hatte er ungefähr den gleichen Betrag zu leisten, nämlich 46 M.).

Die preußischen Forsten, Bergwerke, Domänen wollten in 1914 3,20 M. und in 1922 24 M. (7,5fach) an ihm verdienen.

Die Berliner Gas- und Wasserwerke gedachten statt 101 M. in 1914 ihm in 1922 1385 M (14fach) abzuknöpfen; dafür wollten sie statt 4 M. 102 M. an ihm erübrigen.

Im ganzen hatten die Betriebsverwaltungen in 1914 14,20 M. an ihm verdient, also fast das 1½fache seiner preußischen Einkommensteuer. In 1922 dagegen kosteten sie ihm 205 M., also die Hälfte seines Reichseinkommensteueranteiles.

c) Die Steuerlast. Nach unserer Tafel war Herr Jedermann in 1914 mit 95,40 M. steuerlicher Abgaben belastet. Für 1922 wurden neben den Reichssteuern (1853 M.) bei Preußen und Berlin nur deren Staats- und Gemeindesteuern (226 und 511 M.) eingesetzt, die Überweisungen also herausgelassen. So ergibt sich, daß Herr Jedermann in 1922 2590 M. (27fach) an Steuern aufbringen sollte: von seinem kaum zehnfachen Einkommen hatte er also in 1922 einen dreimal so großen Teil für Steuern abzugeben.

Die auf Herrn Jedermann entfallende steuerliche Kopfquote entspricht nicht seiner tatsächlichen Leistung. Leider aber läßt sich nur bei der Einkommensteuer ermitteln, was er tatsächlich gezahlt hat.

In 1914 hatte er für seine Einkommensgruppe (3900 bis 4200 M.) an preußischer Einkommensteuer 92 M. und an Berliner Gemeindezuschlag 100 vH. oder abermals 92 M. zu zahlen, zusammen also 184 M. oder 4,5 vH. seines damaligen Einkommens.

In 1922 unterlag er der Reichseinkommensteuer, welche 10 vH. oder 4000 M. von ihm verlangte. Statt 4,5 vH. in 1914 hatte er 10 vH., also an Reichseinkommensteuer allein über den doppelten Teil seines Einkommens abzuliefern, und zwar als Lohnabzug sofort und nicht in entwertetem Gelde. Dazu kamen dann all die übrigen Steuern, die zum großen Teil in 1914 noch nicht vorhanden waren, deren auf Herrn Jedermann entfallende Quote sich auch nicht annähernd feststellen läßt.

d) Die Tribute. An Tributen waren für Herrn Jedermann in 1912 3510 M. fällig.

Er vergleicht sie mit den 2226 M., welche für deutsche Verwaltungszwecke für ihn verausgabt werden sollten: die Tribute sind um 60 vH. größer.

Er vergleicht sie mit seiner steuerlichen Kopflast: sie sind um 40 vH. größer. Er müßte also jede Steuer noch 1½mal nachzahlen: wie aber kann er das? Wie soll er Tribute tragen, die untragbar sind?

In Ost und West, in Nord und Süd werden unsere deutschen Brüder gequält und verfolgt: wie sollen sie steuer- und tributfähig bleiben?

5. Schluß.

Wir verglichen die für Herrn Jedermann in Reich, Preußen und Berlin veranschlagten Beträge untereinander, und zwar sowohl für das Jahr 1914 als auch für das Jahr 1922: hiergegen dürften Bedenken nicht geltend zu machen sein.

Wir verglichen zum andern die gleichen Posten in 1914 und 1922, um den Steigerungsziffern sein zehnfach gestiegenes Einkommen entgegenzuhalten: auch hiergegen dürften keine Bedenken bestehen.

Herr Jedermann aber zahlte in 1914 wie in 1922 wesentlich mehr Steuern, als nach der Kopfzahl auf ihn entfiel. Man hätte also alle auf ihn entfallenden Beträge vielleicht entsprechend erhöhen müssen. Er hätte dann aber nicht nur um soviel mehr Steuern zu zahlen gehabt, sondern auch entsprechend mehr zu reisen und mehr Briefe zu schreiben; darum sind die für ihn errechneten Kopfanteile als absolute Zahlen nicht endgültig richtig. Wie aber, wenn der unfreundliche Leser diese Kopfbeträge mit endgültiger Richtigkeit wissen wollte?

Tiefbetrübt über die Grenzen der menschlichen Erkenntnis werden wir diese Frage kommenden Geschlechtern als Thema einer Doktorarbeit überlassen.

Dritter Teil.

Das deutsche Steuerwesen von 1919 bis 1923.

I. Die Steuerlast.

1. Die Gesamtlast in 1913.

a) **Das Reich** vereinnahmte an Steuern und Zöllen in 1913		1958 Mill. M.
b) **die Bundesstaaten**		1140 „ „
Staatliche Steuern zusammen also		3098 Mill. M.

c) **An Gemeindesteuern** kamen auf (nach Angaben der statistischen Landesämter)

in Preußen:			
direkte Gemeindesteuern (einschl. direkte Kreis- und Provinzialsteuern)			
Städte		642 Mill. M.	
Landgemeinden		270 „ „	
		912 Mill. M.	
indirekte Gemeindesteuern			
Städte	62		
Landgemeinden	18	80 „ „	
indirekte Kreissteuern . . .		25 „ „	1020 Mill. M.
in Bayern: Gemeinde- und Ortsumlagen			140 „ „
in Sachsen: Gemeindesteuern			30 „ „
in Württemberg: Gemeindesteuern			60 „ „
			1250 Mill. M.

Die vier Königreiche umfaßten in 1910 40,2 + 6,9 + 4,8 + 2,4 54,3 Mill. Einwohner. In den obigen Staatssteuern sind schon enthalten die Gemeindesteuern von Hamburg (1,9), Bremen (1,0), Lübeck (0,3) = 3,2 Mill. Einwohner. Für die übrigen kleinstaatlichen Gemeinden, die zusammen noch etwa 7 Millionen Einwohner umfassen, werden wir weitere 50 Mill. M. einsetzen. Summe der Gemeindesteuern also 1300 Mill.

d) Insgesamt sind also im Deutschen Reich aufgekommen:

Reichs- und Staatssteuern	3098 Mill. M.
Gemeindesteuern	1300 „ „
	4400 Mill. M.
Zum Vergleich mit 1922 sind davon, entsprechend dem Bevölkerungsverlust[1]), 12 vH. abzusetzen, bleiben also .	3,87 Milld. M.

---

[1]) Die abgetretenen Gebiete dürften auch nach ihrem Aufkommen an direkten und indirekten Steuern auf dem deutschen Durchschnitt gelegen haben.

2. Die Binnenmark.

Vor dem Kriege verausgabten Reich, Bundesstaaten und Gemeinden ihre Einnahmen ziemlich ausschließlich auf dem inneren deutschen Markte. Damals galt die Mark im Inlande soviel wie im Auslande; darum konnte man die Zahlen des deutschen Etats, zum Vergleiche mit den Finanzen anderer Länder, nach dem Kurswert der Mark umrechnen.

Hätte das Reich heute nur Tribute zu leisten, so brauchte es alle Einnahmen in „Goldmark": die Papiermarkzahlen wären also über Pfund oder Dollar umzurechnen.

Ein großer Teil der Ausgaben des Reiches (vgl. Tafel 5), wie auch alle Ausgaben der Länder und Gemeinden, sind aber nicht in Gold zu leisten, sondern nach den deutschen Preisen oder, besser noch, nach den deutschen Gehältern; diese haben sich bisher immer unter dem Lebenshaltungsindex bewegt: für diese persönlichen Ausgaben hätte das Reich also Einnahmen nach dem Lebenshaltungsindex gebraucht. Auch für die sächlichen Ausgaben müßten sie, bei starker Sparsamkeit, ausreichen: die Papiermarkzahlen wären also für den inneren Bedarf über den Lebenshaltungsindex umzurechnen.

Der richtige Umrechnungsfaktor müßte also zwischen Lebenshaltungsindex und Dollar liegen, und zwar, da das Reich etwas weniger für Goldtribute aufzubringen hat als für innere Ausgaben, näher am Lebenshaltungsindex. Somit wäre auch das Mittel zwischen Dollar und Lebenshaltungsindex noch zu hoch; wir wählen den Ernährungskostenindex des Statistischen Reichsamts und glauben, mit dieser Wahl den geringsten Fehler zu machen. Er spiegelt erfahrungsgemäß auch die „allgemeine Teuerung" zahlenmäßig am richtigsten wider.

Die so errechneten „Binnenmark"-Zahlen lassen sich also nicht nur untereinander, sondern auch mit dem steuerlichen Aufkommen der Vorkriegszeit unmittelbar vergleichen: Binnenmarkeinnahmen bedeuten für das Reich heute dasselbe wie Friedensmarkeinnahmen vor dem Kriege.

Wir werden die Dollar-Goldmark abgekürzt als D. G. M., die Papiermark als P.M. und die Binnenmark als B.M. bezeichnen.

3. Das gesamte Steueraufkommen in 1919 bis 1922.

a) Reichssteuern (s. Tafel 6: Summe I).

In 1919 kamen auf	1725	Mill. B. M.
„ 1920 „ „	3870	„ „ „
„ 1921 „ „	4500	„ „ „
„ 1922 „ „	3100	„ „ „

b) Bundesstaatliche Steuern:

1. 1919.

Preußen (lt. Abrechnung) direkte Steuern	1694	Mill. P. M.
„ „ indirekte „	106	„ „ „
	1800	Mill. P. M.
Bayern (geschätzt)	600	„ „ „
Sachsen (lt. Abrechnung)	455	„ „ „
Württemberg (lt. Abrechnung)	323	„ „ „
Summe	3178	Mill. P. M.

In 1913 brachten diese vier Bundesstaaten 73 vH. der bundesstaatlichen Steuern auf; das Gesamtaufkommen dürfte also für 1919 etwa 4345 Mill. P. M. gewesen sein oder bei 6facher Teuerung im Etatsjahrsdurchschnitt 723 Mill. B. M.

2. 1919 bis 1922.

Mit der Erzbergerschen Finanzreform sind ab 1920 die großen fortdauernden Besitzsteuern, vor allem die Einkommensteuer, auf das Reich übergegangen. Der Rest dürfte, wie eine Zusammenstellung der Ziffern der entsprechenden Etats ergibt, in den Bundesstaaten zusammen kaum mehr als 100 Mill. B. M. ausmachen.

c) Gemeindesteuern.

	in 1919 Mill. P. M.	in 1920 Mill. P. M.	in 1921 Mill. P. M.
In Preußen sind aufgekommen:			
an direkten Gemeindesteuern	3406	1871	etwa
„ indirekten „	174	363	280 vH.
„ „ Kreissteuern	37	37	von 1920
Also Summe	3617	2271	6400
oder in Mill. B. M.	603	200	340
In Bayern sind aufgekommen	255	—	—
In Sachsen „ „	200	—	—
In Württemberg sind aufgekommen	191	—	—
	645	—	—
oder in Mill. B. M.	108		
	= 18 vH. von Preußen		

In 1919 kamen also an Gemeindesteuern in den vier früheren Königreichen 603 + 108 = 711 Mill. Binnenmark ein: wir werden das ganze Reich mit 750 Mill. Binnenmark sicher nicht zu hoch einschätzen.

In 1920 fielen die Gemeindeeinkommensteuern fort, daher ging das Steueraufkommen der preußischen Gemeinden von 603 auf 200 Millionen Binnenmark zurück. Schlägt man für die nichtpreußischen Gemeinden 20 vH. hinzu, so kommt man für das ganze Reich auf 240 Millionen Binnenmark.

Für 1921 sind die statistischen Untersuchungen noch nicht abgeschlossen. Bei etwa 50 größeren preußischen Städten zeigte sich, daß in Papiermark in 1921 im Durchschnitt 280 vH. von 1920 aufgekommen sind. Legt man diesen Faktor für alle deutschen Gemeinden zugrunde, so ergeben sich für Preußen 6400 Millionen Papiermark oder etwa 340 und im ganzen Reich etwa 400 Millionen Binnenmark.

Für 1922 werden wir wie im Vorjahr 400 Millionen Binnenmark einsetzen.

d. Gesamtsteueraufkommen in Milliarden Binnenmark.

	Reich	Länder	Gemeinden	Summe	= vH. vom Aufkommen v. 1913
In 1919 . . .	1,725	0,723	0,750	3,200	83
„ 1920 . . .	3,870	0,100	0,240	4,210	109
„ 1921 . . .	4,500	0,100	0,400	5,000	130
„ 1922 . . .	2,900	0,100	0,400	3,400	88

Wir haben also als verarmendes Volk in 1919 und 1922 $^4/_5$ und $^9/_{10}$, in 1920 und 1921 dagegen erheblich viel mehr Binnenmark durch Steuern aufgebracht, als wir in 1913 als wohlhabendes Volk geleistet haben.

II. Die Notenpresse.

1. Die Gesamtausgaben des Reiches.

Das Reich hat Monat für Monat mit Hilfe der Reichsbank wie privater Darlehen seine schwebende Schuld vermehrt; der vH.-Anteil der Reichsbank, d. h. die Tätigkeit der Notenpresse wächst von Monat zu Monat. Die Zunahme der schwebenden

Schuld haben wir dem Reiche im einzelnen Monat als Einnahme zugeschrieben und so die tatsächliche Ausgabe von Monat zu Monat als Summe von steuerlicher Einnahme und Schuldzunahme errechnet.

In Milliarden Binnenmark hat das Reich verausgabt:

in 1919 . .	11,1,	davon 62 vH.	aus der Notenpresse gedeckt
„ 1920 . .	12,3,	„ 53 „	„ „ „ „
„ 1921 . .	12,7,	„ 43 „	„ „ „ „
„ 1922 . .	10,5,	„ 43 „	„ „ „ „

Trotzdem ab 1920 die sehr beträchtlichen Bruttoausgaben der Eisenbahn, sowie ab 1921 die großen Reparationszahlungen usw. hinzutraten, haben sich die gesamten Bruttoausgaben des Reichs verringert: die inneren Ausgaben des Reiches müssen also nach Abzug von Eisenbahnausgaben und Tributen noch wesentlich schärfer zurückgegangen sein. Ein Vergleich dieser Zahlen mit 1913 war nicht möglich, da die den vom Reich übernommenen Steuern entsprechenden Ausgaben der Staaten und Gemeinden sich auch nicht annähernd feststellen ließen.

2. Der Ertrag der Notenpresse.

Das Reich hat mit neuen Noten aus unserem Markte geholt (vgl. Mittelspalte im „Gesamtbild" der Tafel 6):

in 1919	7600	Mill. Binnenmark	= 197 vH. des Steueraufkommens v. 1913
„ 1920	6630	„ „	= 172 „ „ „ „ „
„ 1921	5710	„ „	= 148 „ „ „ „ „
„ 1922	4730	„ „	= 123 „ „ „ „ „
Sum.:	24,7	Milld. B. M.	

Die Notenpresse hat also vier Jahre lang weiterhin je 2 bis 1¼ mal soviel Binnenmarkwerte aus dem deutschen Volke gezogen, wie wir in 1913 insgesamt an Steuern aufbrachten: wahrlich eine gigantische Steuer, diese „Geldsteuer".

3. Der Schwund der öffentlichen Schulden.

In 1913 betrugen die öffentlichen Schulden

des Reiches	4,9	Milld. Mark
der Bundesstaaten . . .	16,2	„ „
der Kreise und Provinzen	1,2	„ „
der Gemeinden	8,0	„ „
	30,4	Milld. Mark

In 1914—1918 haben alle Gruppen ihre Schulden erheblich vermehrt: das Reich (vgl. Tafel 5. Fußnote 2) um 76 Milld. P. M. feste und 75 Milld. P. M. schwebende Schuld, Bundesstaaten und Kommunalverbände dagegen fast nur um schwebende Schulden. Die Reichs- und Staatsschuldzunahme konnten wir ziemlich genau, die der Kommunalverbände annähernd einsetzen und ihre Summe von Jahr zu Jahr nach der jeweiligen Teuerung in Binnenmark umrechnen: durch Aufnahme öffentlicher Schulden wurden demnach aus unserm Markte genommen:

in 1913	30 Milld. P. M.	30 Milld. Friedensmark
in 1914	12 „ „ „	12 Milld. B. M.
in 1915	25 „ „ „	18 „ „ „
in 1916	38 „ „ „	25 „ „ „
in 1917	40 „ „ „	23 „ „ „
in 1918	60 „ „ „	28 „ „ „
		136 Milld. B. M.

Davon entfielen 30 Milld. M. auf feste Vorkriegsschulden und 63 Milld. B. M. auf feste Reichsschulden; Staaten und Städte haben mit Rücksicht auf die Kriegsanleihen während des Krieges keine öffentlichen Anleihen aufgelegt. Von den 136 Milld. B. M. waren also 93 Milld. oder 70 vH. durch freiwillige Zeichnungen aufgebracht und nur 30 vH. durch Schatzwechsel usw. beschafft; von diesen aber wurden in jenen Jahren noch bis ²/₃ im freien Markte untergebracht.

In 1919 bis 1922 spielt die Zunahme der festen Schulden keine wesentliche Rolle mehr, während für die schwebende Schuld die des Reiches den Ausschlag gibt. Wenn daher das Reich durch die Notenpresse in 1919—1922 etwa 25 Milld. B. M. aus unserm Markte gezogen hat, so werden sich die gesamten öffentlichen Schulden — trotz der „Milliardenanleihen" der Städte — kaum um mehr als 28—30 Milld. B. M. vermehrt haben.

Von diesen öffentlichen Schulden in Höhe von insgesamt 165 Milld. B. M. sind also etwa 95 Milld. B. M. oder 58 vH. durch freiwillige Gläubiger aufgebracht. Diese hätten bei einem ordnungsmäßigen Zinsendienst von 4 vH. jährlich fast 4 Milld. B. M. zu verlangen gehabt. Die Geldentwertung aber ließ ihre Papiermarkguthaben wie die Papiermarkzinsen von Jahr zu Jahr zusammenschrumpfen: im März 1923 betrugen die gesamten öffentlichen Schulden — bei 6600 Milld. P. M. schwebender Reichsschuld — etwa 7500 Milld. P. M. oder 2,20 Milld. B. M., also gerade die Hälfte der berechtigten Zinsen. Die während des Krieges gezeichneten 93 Milld. B. M. machten in jenen Jahren etwa 140 Milld. P. M. aus; sie bedeuteten im März 1923 0,42 Milld. B. M. und ihr Zinsendienst etwa 16 Millionen B. M.

Die festen Gläubiger von Reich, Staaten und Gemeinden haben also die 93 Milld. B. M., die sie in guten Werten hingegeben hatten, fast völlig verloren: 93 Milld. B. M. aber entsprechen unserer Steuerleistung von 24 Jahren wie 1913. Außerdem verzichteten sie Jahr für Jahr auf die jährlichen Zinsen in der Höhe desselben Steueraufkommens von 1913.

Die tatsächlichen Verluste sind noch viel größer gewesen, da die festen öffentlichen Schulden nur einen Teil des angelegten Vermögens ausmachten. Von den Sparguthaben, die in 1913 mit 20 Milld. Friedensmark zwei Dritteln der damaligen öffentlichen Schulden entsprachen, wurde ein erheblicher Teil in schwebenden öffentlichen Schulden angelegt und verloren. Ferner stehen die deutschen Aktien trotz der hohen Kurse auf 4 bis 6 vH. ihres Goldwertes. Überall wirkte sich die Geldentwertung aus.

Wer immer den Besitz besteuern will, wird an diesem Schwund der öffentlichen Schulden, in denen der für Besitzsteuern entscheidende Mittelstand einen erheblichen Teil seines Vermögens angelegt hatte, kaum vorbeigehen dürfen: der böse „Besitz" hat zugunsten von Reich, Staaten und Gemeinden in einem Umfange auf Werte verzichtet, wie es noch niemals in der Geschichte geschehen ist.

Das Ausland ist an diesen Leistungen so gut wie gar nicht beteiligt. Von den Kriegsanleihen hat es kaum selbst in P. M. nennenswerte Beträge gehabt, von späteren Anleihen nur ganz unwesentliche Beträge. Wer aber den Verlust errechnen wollte, den das Ausland an der Mark hatte, müßte die Gewinne davon absetzen, die von ihm durch den Handel mit der unterwertigen Mark wie mit den dadurch unterwertigen deutschen Waren gemacht wurden. Diese Spekulations- und Verschleuderungsverdienste dürften die Verluste an Markguthaben um einiges übersteigen.

4. Der Schwund der Reichsschuld.

Die schwebende Reichsschuld betrug im April 1919 67 Milld. Papiermark oder 25,8 Milld. Binnenmark. Sie wuchs nominell bis Ende März 1923 auf 6601 Milld. Papiermark (100 fach), in Binnenmark schrumpfte sie auf 2,0 Milld. oder 7,8 vH. zusammen.

Die feste Reichsschuld betrug im April 1919 81 Milld. Papiermark oder 31,2 Milld. Binnenmark. Sie blieb nominell gleich, in Binnenmark aber schrumpfte sie bis Ende März 1923 auf 0,025 Milld. oder 0,8 vH. zusammen.

Das Reich hat also 31,2 Milld. Binnenmark feste Schuld und 23,8 Milld. B.M. schwebende Schuld eingestampft. Seine Gläubiger haben im ganzen auf 55,0 oder in jedem der vier Jahre, zugunsten des Reiches wie seines Zinsendienstes, auf 14 Milld. Binnenmark verzichtet.

Leider aber haben die Staaten in der Geschichte mit ihren Schulden meist auch ihren Kredit eingestampft und ihn erst voll wieder gewonnen, wenn sie der Notenpresse, also der Geldverschlechterung, Einhalt zu gebieten vermochten. Uns versperrt Versailles den Weg: man nahm uns unsere Rohstoffgebiete und wundert sich nun, daß wir als verarmtes Volk den notwendigen Import nur bezahlen können, indem wir dem Auslande Papiermark aufdrängen.

5. Reparation und Notenpresse.

Wer sich einmal klar gemacht hat, daß das Reich keine Dollareinnahmen, ja kaum das Mittel zwischen ihnen und Lebenshaltungsindexeinnahmen für seine Ausgaben braucht, wird nicht mehr versuchen, die steuerlichen Einnahmen in Dollar umzurechnen.

Wollte man auf diesem Wege zu haltbaren Zahlen kommen, so müßte man auch die inneren Ausgaben in Dollar umrechnen. Da die einzelnen Ausgaben aber aus etattechnischen Gründen nicht monatlich feststellbar sind, dürfte der Erfolg wenig befriedigen.

Eines aber sei doch in Dollargoldmark umgerechnet, und zwar der Ertrag der Notenpresse; er betrug nach den monatlichen Kursen:

in 1919	5,95	Milliarden Dollargoldmark
„ 1920	6,24	„ „
„ 1921	3,73	„ „
„ 1922	2,13	„ „

Die in 1919 und 1920 aufgekommenen Beträge dienten zum großen Teile dem inneren Bedarf: wie konnte auch die junge

Reichsfinanzverwaltung die ungeheuren Mittel aufbringen, die Zusammenbruch und Demobilmachung verlangten?

In 1921 und 1922 hatten wir erhebliche Tribute zu leisten. Für den inneren Bedarf dürfte vom Ertrage der Notenpresse nichts übriggeblieben sein: unsere Tribute sind größer gewesen als der Ertrag der Notenpresse, d. h. wir haben aus Steuern Tribute gezahlt!

Die Notenpresse hatte in 1919 62 vH. der Gesamtausgaben zu decken. Ihr Anteil ist regelmäßig und erheblich zurück gegangen bis auf 43 vH. in 1922.

6. Die deutsche Steuerlast im Vergleich zum Ausland.

Niemand wird die Notenpresse als ordentliche Einnahmequelle bezeichnen. Wenn sie aber erheblich viel mehr Werte aus unserm Markte zog als alle andern Steuern zusammen, so kann man bei einem Vergleiche unserer öffentlichen Abgaben mit denen anderer Staaten an dieser gigantischen Steuer nicht vorübergehen.

Wir vergleichen für England, Frankreich und Deutschland das Steueraufkommen in den Rechnungsjahren 1920 und 1921; für 1922 reichten die Unterlagen noch nicht aus.

	Steuerl. Gesamtaufkommen		Binnenwert		Verlorene Arbeitswochen	
	Summe [1])	je Kopf	Teuerung [2]) 1913 = 1	je Kopf	Wochenlohn	Wochen
1920						
roßbritannien .	1,11 Milld. Pf. St.	23 Pf. St.	2,55	9,1 Pf. St.	88 sh. [3])	5,5
rankreich.	15,9 „ P. Fr.	402 P. Fr.	3,90	103 B. Fr.	184 P. Fr. [4])	2,2
eutsches Reich	46,1 „ P. M.	770 P. M.	11,6	70 B. M.	276 P. M. [5])	2,8
Notenpresse. .	74,9 „ „	1250 P. M.	11,6	110 B. M.	276 P. M.	4,5
				180 B. M.		7,3
1921						
roßbritannien .	924 Mill. Pf. St.	20 Pf. St.	2,07	9,6 Pf. St.	75 sh. [3])	5,3
rankreich.	17,7 Milld. P. Fr.	447 P. Fr.	3,17	141 Fr.	168 P. Fr. [4])	2,7
eutsches Reich	87,6 „ P. M.	1459 P. M.	19,0	77 B. M.	436 P. M. [5])	3,3
Notenpresse. .	105,6 „ „	1763 „	19,0	93 B. M.	436 P. M.	4,1
				170 B. M.		7,4

[1]) bis [5]) siehe Seite 52.

Wenn der Engländer mehr Binnenwerte aufbrachte als der Deutsche (182 und 192 B. M. gegen 180 und 170 B. M.), so ist zweierlei zu bedenken:

1. Der deutsche Arbeiter verdient in Werten nur einen Teil des englischen Lohnes; der Ärmere aber verzichtet schwerer als der Bessergestellte.

2. Für die englische Steuerkraft spielt der recht wohlhabende Mittelstand und die sehr reiche Oberschicht eine erhebliche Rolle: der deutsche Mittelstand verarmte, die neureiche Oberschicht verschwindet zahlenmäßig, die Ausländer unserer Vergnügungslokale dürfen wir nicht besteuern.

3. Die englische Wirtschaft hat keine Versailler Diktate durchzumachen gehabt.

Auch aus Wochenlöhnen hat der Engländer beachtenswerte Beträge aufgebracht: 5,5 und 5,3 Wochenlöhne;

der französische Rentner zeichnet lieber schwebende Schulden, als daß er Steuern zahlt: 2,2 und 2,7 Wochenlöhne sind keine besondere Leistung;

der Deutsche gab in Form von Steuern 2,8 und 3,3 Wochenlöhne hin; die Notenpresse aber nahm ihm weitere 4,5 und 4,1 Wochenlöhne; so verlor er 7,3 und 7,4 Wochenlöhne, also fast $1^1/_2$mal soviel wie der Engländer.

III. Das deutsche Steuersystem.

1. Rückblick.

Geschichte und Volkscharakter, Berufsgliederung und innerpolitische Machtverhältnisse, Zufall und Absicht — wer will die Kräfte nennen, die sich in den Steuersystemen der Völker wider-

---

[1]) Die englischen Zahlen nach dem Economist (nach Abzug der vermischten Einnahmen); die französischen nach dem Bokanowskischen Bericht zum Etat 1923 und dem Journal officiel (nach Abzug der Monopolroheinnahmen); die deutschen nach Tafel 6.

[2]) Etatsjahrsdurchschnitt der Indizes für Lebensmittel, Beleuchtung, Wohnung usw.

[3]) Nach Labour Gazette: Durchschnittslohn eines Londoner Maschinenbauarbeiters in 1920 und 1921.

[4]) Für 1920 nach Angaben der paritätischen Kommission in Lyon (April 1921), für 1921 Pariser Metallarbeiter nach der amtlichen Lohnenquete für 1921.

[5]) Nach „Wirtschaft und Statistik“. Wochenlohn eines verheirateten Berliner Metallarbeiters (Etatsjahrsdurchschnitt).

spiegeln? Jedes Land hat das seine; und wenn es zu ihm paßt, wohl ihm!

Das Deutsche Reich ist entstanden, indem selbständige Staaten den Bund schlossen. Preußen, Bayern, Sachsen, Württemberg, Baden, Hamburg — ein jedes hatte sein Steuersystem und seine eingefahrene Finanzverwaltung. Darum ließ Bismarck den Bundesstaaten die direkten Steuern und stellte die Finanzen des Reichs, nach dem Vorbild des Norddeutschen Bundes, auf Zölle und indirekte Steuern; die beiden letzteren wurden von den bundesstaatlichen Behörden mitverwaltet.

Die Reichsfinanzreform von 1919 machte das Reich zum alleinigen Steuerverwalter, neben dem die Bundesstaaten und Gemeinden mehr und mehr zurücktraten: sie sollten die nötigen Gelder überwiesen erhalten.

2. Das deutsche Steuersystem in 1913.

Stellt man nach den verschiedenen statistischen Unterlagen die in 1913 aufgekommenen Steuern von Reich, Bundesstaaten und Gemeinden zusammen, so ergibt sich etwa folgendes Bild:

	Erhoben von[1])	Betrag in Mill. M.	vH. der Summe
Einkommensteuer	S G	1400	32
Zölle	R	890	20
Stempelsteuern	R S	325	7,3
Bier- und Brausteuern	S G	300	6,7
Branntweinsteuern	R	220	4,9
Zuckersteuer	R	180	4,0
Gebäude-, Grund-, Mietsteuern	S G	120	2,7
Ergänzungssteuern	S	90	2,0
Erbschaftssteuern	R S	70	1,6
Salzsteuer	R	65	1,5
Umsatzsteuern	G	50	1,1
Gewerbesteuern	S G	30	0,7
Wertzuwachssteuern	R S G	20	0,5
Kapitalrentensteuern	S	15	0,4
Übrige Steuern	R S G	725	15
Summe	—	4500	100

Die Einkommensteuern standen also an erster Stelle (32 vH.), die Zölle an zweiter (20 vH.); erst in erheblichem Abstande

[1]) R = Reich, S = Bundesstaaten, G = Gemeinden.

folgen die Stempelsteuern, die, in kleinen Beträgen erhoben, ein Viertel des Einkommensteuerertrages bringen, und die Biersteuern; erst nach zwei weiteren Gruppen (Branntwein und Zucker) zeigen sich die ersten Vermögenssteuern: der Ertrag des Vermögens wurde als Einkommen vornehmlich von den Einkommensteuern mit ihren Staffelsätzen erfaßt.

Im ganzen gesehen, bringen Einkommensteuern und Zölle etwas über die Hälfte des gesamten Steuereinkommens; der Rest entfällt auf eine große Zahl kleinerer Steuern, die zum guten Teil wohl nur dadurch möglich waren, daß sie im kleinsten Kreise an Ort und Stelle fast ohne Unkosten erhoben wurden.

3. Die vier Pfeiler des Erzbergerschen Systems.

a) Einkommensteuer (vgl. Tafel 6).

In 1913 kamen in den Bundesstaaten 694 Mill. M. an Einkommensteuern auf. Das Gemeindeaufkommen haben wir für 1913 auf 1,4 Milld. veranschlagt; nehmen wir an, daß von ihnen 50 vH. auf die Einkommensteuern entfielen, so würden zu den 694 Mill. staatlicher Einkommensteuer 700 Mill. gemeindliche Zuschläge (also 100 vH. durchschnittlicher Zuschlag) hinzutreten. Von der Summe von 1400 Mill. sind, entsprechend dem Bevölkerungsverlust, 12 vH. abzusetzen:. In 1913 kamen also 1,23 Milld. M. an Einkommensteuern auf.

Die nichtphysischen Personen werden nicht von der Reichseinkommensteuer, sondern der Körperschaftssteuer erfaßt. In Preußen brachten sie in 1913 von der preußischen Einkommensteuer 15 vH; zu einem Vergleich mit den Zahlen der Reichseinkommensteuer werden wir also mit einem Abzuge von 10 vH. sicher nicht zu viel absetzen. Es bleibt also als vergleichbares Einkommensteuerergebnis für 1913: 1,23 Milld. M. — 10 vH. = 1,1 Milld. M.

Die Reichseinkommensteuer brachte

in 1920 . .	815	Mill. B. M. =	74	vH. vom Aufkommen von 1913
1921 . .	1310	„ „ „ =	118	„ „ „ „ „
1922 . .	992	„ „ „ =	91	„ „ „ „ „

Wir haben also als verarmtes Volk in den beiden letzten Jahren 118 und 91 vH. der Einkommensteuer von 1913 dem Reich zur Verfügung gestellt.

Wenn wir derartige Beträge aufbrachten, so darf nicht übersehen werden, daß wir zuvor bereits die Kohlen- und die Umsatzsteuer abgeliefert hatten, beides Steuern, wie sie in einer Schwere in 1913 nicht bekannt waren.

Der Ertrag der Einkommensteuer geht von 180 Mill. B. M. im März 1922 auf 59 Mill. B. M. im Dezember 1922 zurück: hier wirkt sich neben der notwendig nachträglichen Veranlagung die Zahlung der nominell festgelegten Steuerbeträge in entwertetem Gelde aus (das „Gesetz über die Berücksichtigung der Geldentwertung bei den Steuern" führt dagegen für verspätete Zahlungen monatliche Zuschläge ein), anderseits dürfte aber auch das versteuerte Einkommen, wie es von der sofort erhobenen Lohnsteuer erfaßt wird, zurückgegangen sein. Nimmt man selbst an, daß die Lohnsteuer im März 1922 von den 180 Mill. B. M. 50 vH., also 90 Mill. B. M. brachte, im Dezember dagegen von den 59 Mill. B. M. 90 vH., also 53 Mill. B. M. — so ist das versteuerte Lohneinkommen auf 60 vH. zurückgegangen.

Rechnet man das Lohnsteueraufkommen der einzelnen Monate in Binnenmark um, so zeigt sich, daß von dem Gesamtertrage der Einkommensteuer in 1922 (992 Mill. B. M.) 653 Mill. B. M. oder 65,7 vH. durch die Lohnsteuer, 34,3 vH. dagegen durch die Veranlagungssteuer aufkamen, während das Verhältnis in Papiermark 88 vH. zu 12 vH. war: der Papierschleier trügt hier wie anderswo.

Leider läßt sich das versteuerte Einkommen der Lohnangestellten, also des übergroßen Teiles der berufstätigen Deutschen, nicht von Monat zu Monat errechnen, da bei den wechselnden Steuerabzügen nicht ersichtlich ist, welche Sätze jeweils bei den aufgekommenen Beträgen abgezogen wurden.

Seit der Ruhrbesetzung brachte die Einkommensteuer, nachdem sie im Januar auf 69 Mill. B. M. gestiegen war, nur 32 Mill. B. M. im Februar und 57 Mill. B. M. im März 1923.

b) Zölle.

In 1913 sind an Reichszöllen 679 Mill. aufgekommen, mit 12 vH. Abzug also 598 Mill. (Siehe Tabelle S. 56.)

Aus den Zöllen hat das Reich also 31 bis 50 vH., aus den Ausfuhrabgaben weitere 12 bis 50 vH., zusammen steigend 45 bis 83 vH. dessen eingenommen, was die Zölle des blühenden deutschen Außenhandels von 1913 abwarfen.

	Zölle = vH. von 1913		Ausfuhrabgaben = vH. von 1913		Zusammen = vH. von 1913	
In 1919	193 Mill. B. M.	33 vH.	73 Mill. B. M.	12 vH.	266 Mill. B. M.	45 vH.
„ 1920	185 „ „	31 „	194 „ „	33 „	380 „ „	64 „
„ 1921	300 „ „	51 „	132 „ „	22 „	432 „ „	73 „
„ 1922	202 „ „	34 „	291 „ „	50 „	493 „ „	83 „

In Dollar umgerechnet wäre der Ertrag der Zolleinnahmen gegenüber 1913 um einige Prozent geringer: auch dann würde sich zeigen, daß der in Gold auf unter 1/3 zurückgegangene deutsche Außenhandel heute eine wesentlich höhere Zollast trägt als in 1913. Es muß aber immer wieder betont werden, daß das Reich nicht Dollar braucht, sondern Einnahmen nach den deutschen Preisen.

c) Umsatzsteuer.

Sie besteuert den Umsatz aller selbständigen Erwerbstätigen einschl. Landwirtschaft und freie Berufe mit 2 vH.

Das Aufkommen an Umsatzsteuer schwankt von Monat zu Monat infolge der Vorausbezahlung ziemlich stark. Im ganzen brachte sie, verglichen mit der Hauptsteuer von 1913,

in 1919	184	Mill. B. M.,	also 15	vH. des Einkommensteueraufkommens v. 1913
„ 1920	352	„ „	„ 29	„ „ „ „
„ 1921	601	„ „	„ 49	„ „ „ „
„ 1922	510	„ „	„ 42	„ „ „ „

Industrie und Handel haben also in 1920 bis 1922 an Umsatzsteuer bis zur Hälfte dessen aufgebracht, was in 1913 an Einkommensteuer aufkam. Ob eine derartige steuerliche Belastung wirklich voll abgewälzt werden kann? Beim Außenhandel dürfte es jedenfalls nicht möglich sein.

d) Kohlensteuer.

Die Kohlensteuer (40 vH. vom Wert der verkauften Kohle) ist ohne Vorgängerin. Sie brachte

in 1919	250	Mill. B. M.,	also 20	vH. des Einkommensteueraufkommens v. 1913
„ 1920	408	„ „	„ 33	„ „ „ „
„ 1921	338	„ „	„ 27	„ „ „ „
„ 1922	320	„ „	„ 26	„ „ „ „

e) Die vier Pfeiler zusammen.

Setzt man die jeweiligen gesamten steuerlichen Einnahmen des Reiches = 100, so entfallen

	Auf Einkommensteuer vH.	Zölle und Ausfuhrabgaben vH.	Umsatzsteuer vH.	Kohlensteuer vH.	Summe vH.
In 1919 . . .	—	17	10	16	43
„ 1920 . . .	21	10	8	10	49
„ 1921 . . .	32	12	13	8	65
„ 1922 . . .	34	17	18	11	80

Die vier Hauptsteuern bringen also von Jahr zu Jahr einen immer größeren Anteil, in 1922 aber $^4/_5$ der gesamten steuerlichen Einnahmen.

Die große Zahl der übrigen Steuern tritt also entsprechend zurück.

4. Die übrigen Steuern.

a) Die einmaligen Steuern umfassen verschiedene großen Kriegsabgaben. Sie brachten als reine Besitzsteuern

in 1919	336 Mill. B. M.	=	14 vH.	der	gesamten	steuerlichen	Einnahmen
„ 1920	434 „ „ „	=	11 „	„	„	„	„
„ 1921	320 „ „ „	=	6 „	„	„	„	„

oder in den drei Jahren zusammen 1090 Mill. B. M. oder je ein Drittel des Einkommensteueraufkommens von 1922.

b) Die Tabaksteuern sind in Deutschland nie so ausgebaut gewesen wie in einzelnen anderen Ländern — andere Völker, andere Steuersysteme. In 1913 sind im Reich an Tabaksteuer und Zigarettensteuer zusammen 54 Mill. M. aufgekommen.

In 1919	163 Mill. B. M.,	also	301 vH.	vom	Aufkommen	in	1913
„ 1920	169 „ „ „	„	313 „	„	„	„	„
„ 1921	212 „ „ „	„	392 „	„	„	„	„
„ 1922	125 „ „ „	„	230 „	„	„	„	„

Tabak- und Tabakerzeugnisse sind also — abgesehen von der erhöhten Zollbelastung — wesentlich stärker herangezogen als vor dem Kriege, namentlich seit sie in vH.-Sätzen des Kleinverkaufspreises belastet sind (40 vH. bei Zigaretten und 20 vH. bei Zigarren).

c) Getränkesteuern (Biersteuer, Weinsteuer, Schaumweinsteuer, Mineralwassersteuer) werden hier nur gemeinsam aufgeführt, da sie durch die neuen Steuergesetze anders erfaßt werden. Der Gesamtertrag geht

von	124	Mill. B. M.	in	1919
auf	80	„ „ „	in	1920,
	76	„ „ „	in	1921
und	27	„ „ „	in	1922

zurück: Auch ein Zeichen der Verarmung Deutschlands.

d) Die Börsenumsatzsteuer (Schlußnotenstempel) brachte in 1913 18 Mill. M. Ihr Ertrag stieg von 30 und 32 Mill. B. M. in 1919 und 1920 auf 90 Mill. B. M. in 1921, um infolge neuer Regelung bis Januar 1923 zu verschwinden; im Februar 1923 brachte sie 3 Mill. B. M., im Februar 10 Mill. B. M.

e) Die Gesellschaftsvertragssteuer ($7^1/_2$ vH. von jeder Kapitalserhöhung usw.) brachte in 1913 6,8 Mill. B. M., in 1919 24 Mill., in 1920 75 Mill., in 1921 98 Mill. und 1922 26 Mill. B. M., also in 1922 nur 37 vH. des Vorjahres.

f) Die Kapitalertragssteuer geht in gleicher Weise scharf zurück: In 1920 und 1921 75 und 85 Mill. B. M., in 1922 dagegen nur noch 26 Mill. B. M., d. i. 31 vH. des Vorjahres. In den letzten Monaten bringt sie trotz nominell stark steigender Beträge in B. M. immer weniger.

g) Die Körperschaftssteuer wurde als kleinere Steuer in die Tafel 6 nicht aufgenommen, zumal sie erst in 1921 in wesentlichem Maße einkam: in 1920 0,3 Mill. B. M., in 1921 81 Mill. B. M. und in 1922 (unter sehr scharfem Rückgang auf unter eine Mill. B. M. im Monatsdurchschnitt seit Oktober 1922) 34 Mill. B. M.

h) Ergebnis. Der Rückgang dieser kleinen Steuern läßt sich leider ihren Erhebungskosten nicht gegenüberstellen. Die Kapitalertragssteuer wird in 1923 nicht mehr erhoben werden, da sie sich nicht mehr rentiert; z. T. wurde sie mit der Körperschaftssteuer vereinigt. Auch bei weiteren Steuern dürfte es immer wieder angebracht erscheinen, sie auf ihre Erhebungskosten zu prüfen.

5. Die Besitzbelastung 1919 bis 1923.

Wie die Notenpresse die Gläubiger von Reichs-, Staaten- und Kommunalverbänden enteignete, und zwar um erschreckende Ziffern, sahen wir oben. Daneben aber laufen eine größere

Reihe reiner Besitzsteuern, die allerdings, infolge der erwähnten Enteignung des Mittelstandes, immer weniger bringen.

In Mill. B. M. brachten	in 1919	1920	1921	1922
Reichsnotopfer	—	810	461	123
Einmalige Steuern	336	434	320	14
Erbschaftssteuer	25	24	34	10
Kapitalertragsteuer	—	75	85	22
Summe	361	1343	900	169

Reichsnotopfer und einmalige Steuern gehen zurück, weil es sich um absterbende Steuern handelt, Erbschafts- und Kapitalertragsteuer infolge der Verarmung. Insgesamt brachten in 1919—1923 diese reinen Besitzsteuern in Binnenmark, also nach ihrem inneren Werte zur Zeit des Aufkommens, 2,77 Milld. B. M., d. h. 89 vH. des Betrages, den die Reichseinkommensteuer in der gleichen Zeit brachte (3,12 Milld. B. M.), oder 21 vH. des gesamten Aufkommens an Reichssteuern.

IV. Papiermark und Finanzverwaltung.

1. Der Voranschlag.

Soll man alle Etatzahlen in einer Indexwährung geben? Der Dollar („Goldmark") würde sich naturgemäß nicht eignen. Aber auch die Binnenmark wird die Arbeit nicht wesentlich erleichtern. Jede Zahl des Etats hat ihre Geschichte, wie auch der Etattitel für die einzelnen Aufgabekreise in den letzten Jahren deren Wandlungen mitgemacht hat; darum kann man die heutigen Etatfonds nicht mehr mit denen von 1914 vergleichen. Vor allem konnten wir uns damals als wohlhabendes Volk so manches leisten, was heute unsere steuerliche Leistungsfähigkeit (vgl. den Rückgang der Einkommensteuer) übersteigen würde: da die Einnahmen nicht mit der Teuerung steigen, dürfen es die Ausgaben auch nicht.

Entscheidend wird immer sein, daß der Etat im ganzen balanciert, wobei natürlich alle Ausgaben wie alle Einnahmen auf einem bestimmten Stichmonat oder gar Stichtag abgestellt werden müssen.

Die Gefahr des Etatisierens mit Stichmonaten liegt in zwei Punkten: einmal wird jedes Ressort geneigt sein, seine Einnahmen so zu veranschlagen, daß sie möglichst viel von seinen Ausgaben decken, und wird nur zu leicht kommende Tarif-

oder Gebührenerhöhungen oder gar die vorausgesehene Geldentwertung in Einnahme stellen, ohne die entsprechenden Ausgaben einsetzen zu können; andrerseits aber pflegen sich die Etatsverhandlungen im Parlament oft sehr lange hinzuziehen; da erscheinen die im Stichmonat vielleicht schon reichlich veranschlagten Einnahmen infolge der weiteren Geldentwertung als lächerlich niedrig, und auf Grund der „zu niedrigen" Einnahmefonds werden nur zu leicht weitere Ausgaben bewilligt.

2. Die Abrechnung.

Leider dauert die Rechnungslegung heute an fast allen Stellen länger als früher, wo das Etatsjahr schon nach $^1/_2$ Jahr abgerechnet war. Trotzdem aber scheint es nötig, die Papierzahlen mit der Teurung zu vergleichen, wie auch die Istverhältnisse von bestimmten Fonds, Einnahmen wie Ausgaben, untereinander laufend zu verfolgen und das gewonnene Material bei der Etatisierung in weitestem Umfange zu berücksichtigen.

Vergleicht man die Istzahlen der einzelnen Jahre mit den veranschlagten Beträgen, so sind in Papiermark erheblich höhere Beträge eingekommen. Eine Umrechnung in Binnenmark wird das Bild sehr oft erheblich verschieben.

Die Kohlensteuer z. B. brachte in 1919 statt 790 Mill. 1,354 Milld., also 170 vH.; in Binnenmark dagegen statt 300 Mill. nur 250 Mill. = 84 vH. In 1920 blieb die Teuerung ziemlich gleich; in Papiermark kamen auf 105 vH., in Binnenmark 102 vH. des Voranschlags. In 1921: in Papiermark 150 vH.; das „Mehr" von 2,25 Milld. schmilzt aber zusammen, denn in Binnenmark ist das Ergebnis nur 97 vH. In 1922: in Papiermark das 24 fache, in Binnenmark 55 vH.

3. Die Steuerverwaltung.

Fast unlösbar werden die Aufgaben auf dem Gebiete der Steuerverwaltung. Vom theoretischen Standpunkte wäre zu verlangen, daß die Steuern in demselben Augenblick veranlagt, bezahlt und von Staatswegen wieder ausgegeben werden, in dem die steuerlich zu erfassenden Beträge an den Steuerquellen erscheinen: jeder Tag Verzögerung bei diesen drei Vorgängen schädigt den Staat.

Andrerseits aber muß immer wieder betont werden, daß „Geldentwertung" kein währungstheoretischer Vorgang ist, sondern daß sich hinter den märchenhaft aufgeblähten Ziffern eine immer schärfere Verarmung verbirgt: wir gaben oben einen Ausschnitt, den Schwund der öffentlichen Schulden, und gaben ferner den Ertrag der Notenpresse, die vier Jahre lang 2 bis 1¼ mal so viel Werte aus unserm verarmten Markte herausholte, als wir in 1913 an Steuern leisteten. Wenn durch diese Vorgänge, zu denen noch die ganzen, hier nicht zu untersuchenden übrigen Verluste durch Krieg und Versailles hinzutreten, die Armut wächst, so müssen die Binnenmarkerträge der Steuern zurückgehen.

Wir vergleichen in Tafel 6 die in 1922 aufgekommenen Papiermarkbeträge mit den Binnenmarkzahlen. Ihre Überschneidungen werden besser als viele Werte die Schwierigkeiten aufzeigen, welche die Geldentwertung der Steuerverwaltung entgegenstellt.

Schluß.

Der Reichsetat soll ins Gleichgewicht gebracht werden, so wird immer wieder im Inlande wie im Auslande gefordert werden, bis wir diesem Ziel irgendwie näher gekommen sein werden. Im Reichsetat aber erscheinen alle großen deutschen Finanzprobleme der Gegenwart. Es sei daher gestattet, die Ausgabegruppen wie die gegenüberstehenden Einnahmegruppen kurz noch einmal zu überblicken.

I. Die Reichsausgaben.

1. **Die Ausgaben der Reichsverwaltung.** Wir fanden im Plane der Reichsfinanzen: Zuschußbedarf in 1914 29,09 M. je Deutschen, in 1922 560 M., also auf das 20fache gestiegen. Die Einkommen der deutschen Steuerzahler — ein Maßstab, der für die Staatsfinanzen wichtiger ist als irgendein Index — waren bis zum Stichmonat des Voranschlages für 1922 auf das 10fache gestiegen: wenn auch im einzelnen gespart werden könnte, so erscheinen die Ausgaben für die Reichsverwaltung durchaus als tragbar. (Wie die innere Struktur ihres Bedarfs sich änderte, beweisen folgende Zahlen: in 1914 verlangte das Heer und Marine 85 vH. des Zuschußbedarfs, in 1922 dagegen die Pensionen 50 vH. und die innere Verwaltung [Armenunterstützungen u. a.] 38 vH.)

2. Die Betriebsverwaltungen. Die Eisenbahnverwaltung spielt heute mit ihren ungeheuren Roheinnahmen und Rohausgaben und ihren 1,5 Millionen Beamten und Angestellten für den Reichshaushalt dieselbe Rolle, wie sie es vor dem Kriege für die Bundesstaaten tat. Damals eine vorbildliche Unternehmung, mußte sie im Kriege rücksichtslos in den Dienst des Ganzen gestellt werden. Bei allen Bundesstaaten erforderte die Eisenbahnverwaltung in 1916 bis 1919 erhebliche Zuschüsse. Immerhin muß es möglich sein, die Reichseisenbahn dahin zu bringen, daß sie keine Zuschüsse mehr erfordert, wenn auch der Rückgang des deutschen Verkehrs es kaum ermöglichen wird, daß die auf Friedensbedarf eingestellten Anlagen voll ausgenutzt werden. Solange der Markt keine festen Anleihen aufzunehmen bereit ist, wird man ihre außerordentlichen Ausgaben entsprechend einschränken müssen.

Auch die Post wird ihren Betrieb auf die Ansprüche eines ärmeren Volkes umstellen müssen.

3. Reichsschuld. Der Zuschußbedarf der Reichsschuld stieg — bei 10fachem deutschen Durchschnittseinkommen — von 1914 bis zum Stichmonat des Etats 1922 auf das 208fache: Kriegsfolge. Vielleicht werden wir in bezug auf die Reichsschuld dem Vorbilde folgen müssen und können, das Preußen mit seiner Herabsetzung der Zinssätze seiner Schulden verschiedentlich gegeben hat. Dabei ist zu bedenken, daß die Zinsen der — ausschlaggebenden — schwebenden Schulden fast ganz in die Hände der Reichsbank fließen!

4. Die Überweisungen an die Länder und Gemeinden. Hier liegt eine weitere schwere Aufgabe, die der Lösung harrt und die vor allem dem Auslande gegenüber, das über die historische Struktur des Deutschen Reiches meist wenig unterrichtet ist, scharf herausgearbeitet werden muß.

Erzberger wollte den Ländern und Gemeinden die Erträgnisse bestimmter Steuern überweisen lassen. Sein System hat sich aber nicht halten lassen: das Reich sich verpflichten mußte, unabhängig von seinen steuerlichen Einnahmen, an Länder und Gemeinden Besoldungszuschüsse zu leisten, und zwar zu $^4/_5$ der Besoldungsausgaben.

Die Gefahr lag darin, daß eine wirkliche Kontrolle der Ausgaben von Ländern und den (60000) Gemeinden sich nicht in dem nötigen Umfange durchführen ließ. Hieran wird auch eine fremde Finanzkontrolle nichts ändern: wenn die Franzosen betonen, daß sie sich auf das Zentralisieren und Kontrollieren verständen, so vergessen sie, daß Preußen allein mehr Einwohner hatte als Frankreich, und daß Preußen neben seiner vorbildlichen Verwaltung etwas aufgebaut hat, was es jenseits der Vogesen nie gab: eine musterhafte staatliche Eisenbahnverwaltung; die preußische Eisenbahn aber war der größte Betrieb der Erde.

Der einzige Weg in der so wichtigen Frage des Finanzausgleichs zwischen Reich, Ländern und Gemeinden scheint daher doch zu sein, daß man den letzteren wieder gewisse Steuern ganz überläßt, auf die sie ihre Ausgaben einzustellen haben. Und zwar wird man nur variable Steuern wählen können. Die Zölle scheiden von vornherein aus, Kohlen- und Umsatzsteuer wird man kaum als variabel bezeichnen können, so dürfte vielleicht die Überlassung der Einkommensteuer zu erwägen sein.

5. Die Reparationslast. Sie hängt wie ein Damoklesschwert über jedem Versuch, das deutsche Finanzwesen in Ordnung zu bringen. Gelöst werden kann sie nur an Hand einer Betrachtung der Reichseinnahmequellen.

II. Die Reichseinnahmen.

1. Die steuerlichen Einnahmen: Wir stellten zunächst fest, welche ungeheuren Beträge wir als verarmtes und zerrissenes Volk von unseren wesentlich kleineren Einkommen in den letzten Jahren geleistet haben, Beträge, die den Vergleich mit der Vorkriegszeit nicht zu fürchten haben: in 1919 83 vH., in 1920 109 vH., in 1921 130 vH. und in 1922 88 vH. des Gesamtsteueraufkommens von 1913. Wenn man bedenkt, wie unsere Wirtschaft durch den Versailler Vertrag planmäßig ihrer Rohstoffquellen und damit ihres inneren Gleichgewichtes beraubt wurde, so wird eine derartige Steuerleistung die Behauptung, wir bezahlten keine Steuern, in etwas anderm Lichte erscheinen lassen.

Wir prüften ferner die Steuern im einzelnen und kamen auch hier zu bemerkenswerten Ergebnissen; so brachte die Reichseinkommensteuer in 1920 74 vH., in 1921 118 vH. und in 1922 91 vH. des Einkommensteueraufkommens von 1913. Ähnlich zeigten sich die steuerlichen Leistungen des Besitzes als recht erheblich: in 1919—1923 89 vH. der Einkommensteuerbeträge der gleichen Jahre.

2. Betriebseinnahmen: Leider lassen sich aus dem vorliegenden Material Rückschlüsse für die finanziell so wichtigen Betriebsverwaltungen nur sehr unvollkommen herleiten. Die ausgewiesenen Bruttoeinnahmen stehen (vgl. Tafel 6, Summe II und III), in Binnenmark, in 1921 am höchsten, sowohl bei der Post wie bei der Eisenbahn; ob demgegenüber in 1921 wieder nur, wie im Ist 1920, von den ordentlichen und außerordentlichen Ausgaben bei der Post 63 vH. und bei der Eisenbahn 56 vH. durch eigene Einnahmen gedeckt werden, läßt sich noch nicht übersehen.

3. Die Notenpresse: Daß die Bedeutung der Notenpresse als Einnahmequelle einmal zahlenmäßig nachgewiesen wird, dürfte eines der wichtigsten Ergebnisse unserer Arbeit sein. Wenn in 1919 197 vH., in 1920 172 vH., in 1921 148 vH. und in 1922 123 vH. des Steueraufkommens von 1913 durch die Notenpresse dem deutschen Markte entzogen wurden, so dürfte alles, was durch Ersparungen an neuer schwebender Schuld eingespart wird, ebenso wichtig sein, wie das, was in Steuern aufkommt. Sparen ist hier nicht ein Erübrigen, sondern das Ziel ist zunächst, die ungerechteste und fürchterlichste aller Steuern, die Notenpresse, abzutun.

Daß die Tätigkeit der Notenpresse abgenommen hat, erweist die Tatsache, daß in 1919 62 vH., in 1922 aber nur noch 42 vH. der Ausgaben des Reichs durch neue Noten gedeckt werden mußten.

Rechnet man die Erträge der Notenpresse in Dollargoldmark um, so kamen in 1921 und 1922 3,73 + 2,13 = 5,86 Milliarden Goldmark auf: Wir haben aber in den beiden letzten Jahren erheblich viel mehr Tribute geleistet als 5,86 Milliarden!

Es erscheint also nicht ausgeschlossen, daß wir auch weiterhin aus Steuern Tribute aufbringen. Wenn die übrigen Ausgaben des Reichs sich einschränken lassen, wird es durchaus möglich sein, ohne Notenpresse laufend gewisse Beträge als Reparation zu leisten. Daß man aus einem verarmten Volke nicht Milliarden und Aber-Milliarden in Gold herausziehen kann, dürfte auf der Hand liegen. Wenn es gelingt, die Notenpresse still zu legen, so wird das vor allem uns selbst zugute kommen.

Eins aber dürfen wir nicht vergessen: seit dem Ruhreinbruch sind die Reichsfinanzen wieder Kriegsfinanzen und müssen als solche gewertet werden. Je stärker der Feind drängt, desto unverantwortlicher ist auch nur die leiseste Verschwendung im Innern, desto schärfer müssen auch die finanziellen Kräfte auf das eine Ziel eingestellt werden: auf die Befreiung der deutschen Heimat.

Quellen.

Für den ersten Teil wurde finanzwissenschaftliche und finanztechnische Literatur benutzt.

Für den zweiten Teil dienten als Unterlagen die Voranschläge und Abrechnungen der einzelnen Staaten.

Für den dritten Teil wurden die monatlichen Einnahmen des Reiches dem „Zentralblatt für das Deutsche Reich" entnommen.

Allen Teilen kamen in entscheidendem Umfang dankenswerte persönliche Auskünfte zugute.

Gedruckt bei Ernst Siegfried Mittler und Sohn,
Buchdruckerei G. m. b. H., Berlin SW 68.

Die Tafeln wurden vom Verfasser mit der Hand
geschrieben und bei Bogdan Gisevius, Berlin,
gedruckt.

GPSR Compliance

The European Union's (EU) General Product Safety Regulation (GPSR) is a set of rules that requires consumer products to be safe and our obligations to ensure this.

If you have any concerns about our products, you can contact us on ProductSafety@springernature.com

In case Publisher is established outside the EU, the EU authorized representative is:

Springer Nature Customer Service Center GmbH
Europaplatz 3
69115 Heidelberg, Germany

Batch number: 10844675

Printed by Printforce, the Netherlands